山脉

带你读懂广州

「老城市 新活力」丛书

广州日报读懂广州工作室 著

广州出版社
GUANGZHOU PRESS
广州新华出版发行集团

图书在版编目（CIP）数据

带你读懂广州山脉 / 广州日报读懂广州工作室著．
广州：广州出版社，2025. 6（2025.11 重印）. —（“老城市 新活力”丛书）. — ISBN 978-7-5462-3816-6

Ⅰ. K928.3

中国国家版本馆 CIP 数据核字第 2025WU2373 号

出 版 人 柳宗慧
书　　名 带你读懂广州山脉
Dai Ni Dudong Guangzhou Shanmai
出版发行 广州出版社
（地址：广州市天河区天润路 87 号 9、10 楼
邮政编码：510635　网址：www.gzcbs.com.cn）
责任编辑 田宇星
责任校对 王俊婕
装帧设计 胡广俊（Gwangjun.com）
印刷单位 深圳市新联美术印刷有限公司
（地址：深圳市龙岗区平湖街道鹅公岭社区凤凰大道凤门园工业园 1 号 A 楼 101、201、301　邮政编码：518111）
规　　格 787 mm × 1092 mm　1/32
印　　张 7.5
字　　数 162 千字
版　　次 2025 年 6 月第 1 版
印　　次 2025 年 11 月第 2 次
书　　号 ISBN 978-7-5462-3816-6
定　　价 58.00 元

总序

广州，是一座什么样的城市？

习近平总书记曾指出，广州是中国民主革命的策源地和中国改革开放的排头兵。1000 多年前，广州就是海上丝绸之路的一个起点。100 多年前，就是在这里打开了近现代中国进步的大门。40 多年前，也是在这里首先蹚出来一条经济特区建设之路。

广州地处南海之滨，是首批国家历史文化名城，也是国际大都市中少见的拥有完整山水格局的城市。

“青山半入城”，“六脉皆通海”。山，犹如广州的城市“基座”。大自然的鬼斧神工，将 6 亿年前的汪洋雕琢成如今绵延千里的南岭山脉。南岭峰峦叠嶂，是长江流域与珠江流域的天然界碑，不仅为岭南大地带来丰富的自然资源和独特的生态环境，也造就了广州这座历史文化名城。南岭余脉延至广州城内，化作标志性的白云山、越秀山以及无数的岗丘。早在 2200 多年前，秦将任嚣便在番山、禺山之麓建“任嚣城”，拉开广州城与山共生的序章。

群山之间，清泉潺潺，汇聚成溪，融入发达而繁复的珠江水系，一路奔腾入海，并在山水相连、江海交汇处，孕育出广州城。这里河涌密布，水网纵横，湖泊星罗棋布。水，不仅滋养了广州人的生命，还培育了广州人的思维方式，广州人的日常生活、言语表达，都不离“水”。时至今日，广州依然保留了濠、涌、滘、沥等众多的“水”地名，以及醒水、心水等丰富的“水”方言。

山水交织，滋养了广州独特的城市演进脉络，造就了一座长盛不衰的商贸之都，也孕育了厚重的岭南文化。

得天独厚的山水格局塑造了广州与其他大都市不一样的城市肌理。走在热闹的北京路上，高大的榕树挂满了红色灯笼，脚下是从唐代直到民国时期的 11 层路面一一叠压。从任嚣建番禺城，到宋扩建三城开凿六脉渠，从明代扩展北城墙至越秀山，到民国拆城墙、开马路，再到如今珠江新城等 CBD 崛起，2200 多年，广州城沿着云山珠水的地理格局，从 0.05 平方公里扩展至 7434.40 平方公里，谱写出波澜壮阔的城脉史诗。

广州因山水而生，又因商而兴，“千年商都”是广州的响亮名片。2200 多年来，广州凭借山、水、江、海交汇的独特优势，始终是中国连通世界的一扇大门。秦汉时期，异域的奇珍异宝，从海路来到广州，经珠江水系辗转中原。唐宋时期，广州通海夷道可以抵达波斯湾、东非等地。官府在今光塔路一带设置蕃坊，供远道而来的外国商人居住。“临江喧万井，立地涌千艘”，明代广州往来商船络绎不绝。在清代，欧美商人奔赴广州贸易，成就了以广州十三行为核心的“天子南库”的繁盛。1957 年创办的广交会，货通四海，成为中国对外贸易的“晴雨表”“风向标”。千年商脉，生生不息。

山水之城，江海之交，千百年来，南北文化在此融合共荣、中外文明在此交流互鉴，孕育出多姿多彩、勇于革新的广府文化。秦汉时期，中原礼乐文化与本土文化在此共舞；唐宋时期，“外国衣装盛，中原气象非”，异域风情沿海上丝路而来；明清以降，广州成为中西文化碰撞交融的前沿阵地，催生了广府文化璀璨成果。自东汉“岭海儒宗”陈元首开岭南人办学之风，一代又一代名师硕儒在此开坛讲学、薪火相传，尤其是书院兴起后，更是学派纷呈，名人辈出。以“三雕一彩一绣”为代表的广州工艺美术技艺声名远扬，在对外经贸与文化交流中发挥了重要的作用，彰显着“千年商都”的风范和深厚的历史底蕴。在传承发扬、创新求变中诞生的岭南三大艺术瑰宝——粤剧、广东音乐、岭南画派，更是融通中西文化，至今仍保持着充沛的活力。

城依山而建，商因水而兴，文因城、商而盛。山、水、城、商、文相互交织绵延，共同塑造出广州兼收并蓄、开放包容、敢为人先、锐意进取的城市性格。这种性格，已然化作城市发展的基石与底色，让这座千年古城始终焕发生机与活力。

五岭巍峨，珠江潮涌，南海滔滔，烟火繁华。“老城市新活力”丛书之“带你读懂广州”书系五个分册，分别从山、水、城、商、文五个维度，用新闻的笔法、历史文化的视角、生活化的表达，引领读者读懂古今广州，感悟岭南文化。

赓续传承、奔赴山海，这套丛书既是对广州山水自然和历史人文的深情致敬与礼赞，更是续写城脉、商脉、文脉传奇的诚挚邀约与热切期待。诚邀每一位读者，跟随这套丛书，走进广州、读懂广州，与这座城市共同续写新的传奇。

“带你读懂广州”书系编委会

二〇二五年五月

山野间的壮丽诗篇

巍巍南岭，东西延绵约700公里，南北交错约400公里，横跨在粤桂湘赣等省区交界处。其支脉更犹如人之脉络，在南粤大地纵横交错，罗浮山脉、九连山脉、青云山脉等自粤北迤逦南行，深入珠三角平原，孕育出一座山水之城——广州。

南岭是长江流域与珠江流域的分水岭，是守护岭南大地的生态屏障，为这片土地带来了丰富的自然资源和独特的生态环境。南岭也是岭南人的文明摇篮，岭南发现最早的早期智人——马坝人就在南岭的群山之中繁衍生息。石峡文化、西樵山平面岗遗址、狮象岩遗址……山间处处闪烁着人类文明的璀璨火种。

背倚南岭、面朝南海的独特地理环境，孕育出开放包容的岭南文化。因有山的庇护，南粤大地宁静祥和。尽管群山阻隔，却有古人循着山间小径前来定居，西京古道、秤架古道、梅关古道等见证了先民坚韧不拔、勇于开拓的精神，这些古道构筑的“南岭走廊”上通“三楚”，下达“百粤”，广府、潮汕、客家三大民系在岭南大地上逐步形成，中华文明多元一体的重要一脉——兼容并蓄的岭南文化诞生于斯。南岭脚下的南雄珠玑巷，成为南迁移民的庇护所和广府人的祖居之地，被誉为“中华文化驿站，天下广府根源”。

山是岭南文化一个诗意而厚重的坐标。明末清初著名学者、“岭南三大家”之一屈大均在《广东新语》中说：“广州有三樵，曰东樵，曰南樵，曰西樵。”历史上，广府地区名山荟萃，文脉兴盛。东樵罗浮山见证了岭南医药的萌芽、发展与辉煌，留下了陆贾、李白、杜甫、韩愈、苏轼、屈大均、袁崇焕等文人墨客的经典诗篇。西樵山有“珠江文明的灯塔”“理学名山”的美誉，从远古的文明火种到近代的变革思潮，西樵山见证了岭南文化的繁荣与发展，承载了岭南人“求新求变、创新进取”的精神。南樵南香山人文历史绵延近两千年，白花寺、莲洞书院、湛子洞等人文胜迹，诉说着岭南文脉的绵延传承，见证着岭南文化厚积薄发的崛起之路。

海对羊城阔，山连象郡高。从古代广州形成“青山半入城”的城市格局，到今日广州成长为集“山水城田海”景观于一体的超大城市，山之于广州的意义，远不止物理空间上的存在。“五岭北来峰在地，九州南尽水浮天”，广州依山建城的历史就在山环水抱的福地展开。两千多年前，秦将任嚣在番山、禺山旁建“任嚣城”，拉开了广州建城的序幕。从任嚣城到后来的宋三城，再到明清时期的南北拓展，广州的城市格局逐渐成形。白云山、越秀山等名山已经从昔日的城外之山、城郊之山，变成了今天的“城中山”。广州人凭借智慧和勤劳，将一座座原本荒芜的山冈，因地制宜建设成了充满生机与活力的美好家园。山与广州的繁华融为一体，共同书写着这座城市的传奇故事。

2007年，“广州重阳登高”入选广州市第一批市级非物质文化遗产名录。对广州人来说，不仅在郑仙诞与重阳节可登高，一年四季都可登山。生活在这里的人们以登山为乐，登山不仅是对美好生活的向往和追求，更是象征着乐观向上的生活态度与奋发进取的精神面貌。

生活在山水城市，无论是古代，还是现代，都让人们心生向往。山滋养着广州人，广州人守护着山。如今，广州不仅“绿起来”，更“美起来”，白云山、越秀山、黄山鲁、大夫山、火炉山、帽峰山……广州已建有上百座山体公园，将自然美景与城市生活完美融合。

这是一部人与自然和谐共生的史诗，山与人，山与城，相互赋能，共生共荣。让我们在书中阅读山野间的壮丽诗篇，感受山与人、山与城之间的动人乐章。

目录

第三章 三脉青山嵌入城 063

第四章 羊城首秀白云山 091

第七章

第八章

第一章 南岭风光无限好

文—刘幸

南岭风光无限好，山川秀丽入岭南。

南岭峰峦叠嶂，山水景色如画。大自然鬼斧神工，将六亿年前的一片汪洋“打造”成今日中国南方最大的山脉——南岭。它既是长江水系与珠江水系的分水岭，又缔造出华南和华中迥异的地理气候，成为守护岭南大地的生态屏障，为这片土地带来了丰富的自然资源和独特的生态环境。而南岭余脉末端就是老广州人熟悉的白云山与越秀山，塑造出广州“青山半入城”的城市格局。

在岁月的长河里，这里孕育出马坝人、石峡文化等，西京古道、秤架古道、梅关古道等见证了先民的坚韧不拔、勇于开拓，这些古道构筑的“南岭走廊”上通“三楚”，下达“百粤”，连通了古代海陆丝绸之路，留下了灿烂的人文故事。

汪洋中长出广东『屋脊』

第一章·第一节

当你打开世界地图，把目光聚焦在北回归线附近，撒哈拉沙漠、阿拉伯半岛沙漠的景观跃然眼前。不过，在同一纬度，中国的南岭却一派绿意盎然。

南岭是中国南部最重要的一座山脉，也是最大的山脉。南岭这一名称出现于战国末期，在秦汉时期定名。因其处于楚国之南，故名南岭。

数亿年前，这里是一片汪洋大海。斗转星移，一片汪洋演化为岭，南岭的“成长”可谓历经“起伏”。

南岭已知最古老的岩石——坝里组形成于约6亿年前，当时南岭一带还是茫茫大海。随着加里东构造运动导致海水退去，地壳挤压隆起成山，形成了东高西低的地形。接下来，“剧情”反转，南岭一带的地壳下降，海水再次入侵。距今约2亿年前，印支造山运动改变了南岭，这一次，南岭一带的地壳大幅度抬升，广袤的陆地取代了海洋。

这一系列的地质变迁为南岭留下了丰富的古生物化石资源。在乳源—韶关市区一带以及英德、阳山、连州等地，考古学家发现了类型多样的古生物化石，包括珊瑚、腕足类、腹足类、双壳类、三叶虫、海百合、蕨类植物、裸子植物等。这些化石见证了南岭从海洋到山脉的沧桑巨变。

经过6亿年的地质变迁，一片汪洋终成广东“屋脊”。南岭横跨粤桂湘赣等省区交界处，东西延绵约700公里、南北宽约400公里的山脉，自西向东，越城岭、都庞岭、萌渚岭、骑田岭、大庾岭一字排开，主要呈东西走向，故又称五岭。

气候屏障守护岭南大地

南岭与秦岭一样，是中国气候上的天然分界线。秦岭是温带和亚热带的分界线，亚热带植物柑橘在“秦岭以南为橘，秦岭以北为枳”。南岭则是亚热带和热带的分界线，北侧四季分明，南侧炎热多雨。从南岭一侧的广东连州驱车前往另一侧的湖南永州，仿佛穿越了不同的气候带，如在10月，两地的温度相差10摄氏度左右。

南岭平均海拔仅1000多米，并不算高，却是造成华中和华南气候迥异的重要因素。夏季，来自海洋的暖湿气流在此受到阻挡，带来丰富的降水，使南岭成为北江、东江等河流的水源地，最终滋养了珠江流域，因此南岭又被称为“广东水塔”。

冬季，来自西伯利亚的寒流行至此处，受到南岭的阻挡而无力南下。就这样，南岭成了一道温润的气候屏障。自宋代（1246年初）至今，近800年时间里，广州历史上有记载的降雪仅有九次，最近的一次是2016年1月，可以说是“百年一遇”。

南岭之所以能有效地将冷空气挡在北面，一是因为来自北方的冷空气经过长途跋涉后有所减弱；二来，南岭虽然海拔不算特别高，但山体厚实，多条东西走向的山脉紧密相连，形成了一道宽广的山脉屏障。这种层峦叠嶂的地形使冷空气在翻越南岭时再次被大大减弱。

大自然打造地质博物馆

在地质变迁的漫长历程中，南岭逐渐成为中国南方最大的、可解读板块发展与演化的地质博物馆。

南岭拥有集花岗岩地貌、砂岩地貌、喀斯特地貌于一体的地貌奇观。广东最高峰石坑崆为华南最雄伟的花岗岩山峰之一，其峰顶是一整块巨型花岗岩。南岭乳源县洛阳镇的一处小河谷中，延绵约1公里长的河道上散布着一个个浑圆的小石潭、小洞穴及石窝窝，大小深浅不一，形成冰川壶穴。

从空中俯瞰，从韶关乳源到清远英德，一道地裂横亘，峭壁如刀劈斧凿，其间瀑布“飞流直下三千尺”，构成了广东大峡谷，被誉为上天在广东留下的一条美丽伤痕。

南岭一带还有很多溶洞，其中最独特的要数“通天箩”。它是一个完全封闭的天坑，深97米，洞口直径73米，底部最大直径140米，形态酷似一个倒伏的米箩，故名“通天箩”，又被称为“广东之眼”，也号称“中华第一洞”，里边还藏着一个面积为3000多平方米的地下森林。

^ 南岭风光（广东省林业局供图，葛园摄）

石峡文化在此孕育

第一章·第二节

马坝人与熊猫同住岭南

南岭不仅守护着岭南大地的青翠四季，也为文明进化提供了得天独厚的条件。

岭南发现的最早的早期智人——马坝人就生活于此。马坝人化石的发现经过充满了传奇色彩。1958年5月底，曲江县马坝乡（今韶关市曲江区马坝镇）的村民在狮子岩内的溶洞中发现了富含磷肥的堆积物，他们就地开设了一家磷肥加工厂，开始挖取这些堆积物。

当年6月底，村民们在挖掘过程中意外地发现了一块零碎的人类头骨化石和一大批古脊椎动物化石。起初，村民们把化石放在一边，并不知这是惊天发现。后因机缘巧合，这些化石进入了专家的视野。裴文中、吴汝康等60多名专家反复鉴定后，确定其中有人类化石，将其命名为“马坝人”。经测定，马坝人大约生活在距今12.9万年前，这一发现填补了华南人类进化系统的空白。

马坝人遗址——狮子岩由两座石灰岩山组成，内有溶洞，别有洞天，顶上的钟乳石还在不停滴水。走上台阶，一道缝隙映入眼帘，旁有洞穴。洞穴与缝隙交界处有一块牌匾，上书“马坝人头骨出土地点”字样，十三万年时空浓缩于此。

马坝人博物馆正中央是汉白玉雕刻的马坝人头像。这是一个中年男性的头像，与现代人的脸部轮廓不同，马坝人眉嵴粗壮、向前突出，眉嵴后方的额骨部分明显缩窄，向后倾斜。馆长肖东方介绍，马坝人是一种介于直立人与现代人之间的中间类型——早期智人。在人类进化史上，头骨厚度越厚，原始性就越强，北京猿人的头骨厚度是9.7毫米，马坝人的头骨厚度有6.85毫米，而现代人的头骨厚5.2毫米。专家在全球范围内对古人类化石进行比对时，发现马坝人头骨、眼眶（圆形）等特征与欧洲尼安德特人相似，使人联想到其与欧洲古人类之间基因交流的可能性，这为“连续进化附带杂交”假说提供了佐证。

博物馆还原了马坝人的生活场景。约13万年前，正值冰川期到来之际，全球已开始降温，但岭南一带仍温暖湿润。马坝人与大熊猫、东方剑齿象等同在这里生活，依靠采集、捕鱼、狩猎为生。

石峡文化与良渚文化早有交流

南岭还发现了先秦时期古人活动的痕迹。狮子岩两座石灰岩山之间有一块峡地，当地人称为“石峡”。马坝人化石被发现 14 年后，工作人员在石峡发掘出大量陶片、石器和红烧土。后经考古专家多次发掘，石峡遗址先后出土青铜器、陶器、石器、玉器等各类文化遗物 1 万多件。考古学家发现，石峡遗址自下而上存在“四叠层”（四个时期的文化遗存）：距今约 6000 年的新石器时代晚期前段文化层，距今约 5000 ~ 4000 年、被命名为“石峡文化”的新石器时代晚期后段文化层，距今约

3800 ~ 3100 年的青铜时代早中期文化层，西周晚期到春秋时期的青铜时代晚期文化层。

在石峡文化时期，岭南先民已开始使用三足陶制鼎烹饪。他们居住的木骨泥墙建筑，与黄河流域史前文化流行的建筑方式接近。彼时，先民会稻作，会纺织麻布。石峡出土的玉琮与浙江良渚玉琮有很多相似之处，两者可谓“同款”，表明相隔一千多公里的两地在先秦时期已有交流。石峡遗址填补了岭南先秦古文化的空白，被评为“二十世纪中国百项考古大发现”之一。

^ 石峡遗址出土的玉琮（骆昌威摄）

^ 马坝人遗址（骆昌威摄）

上通『三楚』 下达『百粤』

第一章·第三节

南岭成为“诗的世界”

古时，对中原人而言，岭南太遥远且路难行。不过，正因如此，岭南少受北方战乱波及，为躲避战乱的先民提供了庇护。背靠南岭、面向南海，又让岭南形成对外开放的地理格局。这样的地理环境为开放包容的岭南文化形成提供了土壤。

虽说岭南路难行，但南岭东西纵横，山与山“勾肩搭背”处，总会留出或宽或窄的间隙。对这些间隙加以利用，就可形成南北往来的孔道。于是，先民在崇山峻岭间修起一条条古道，上通“三楚”，下达“百粤”。著名社会学家费孝通曾提出“民族走廊”的概念，南岭走廊与藏彝走廊、西北走廊并称为中国三大民族走廊。如今，南岭依然留有多条纵贯南北的古道，如穿越大庾岭的梅关古道，穿越骑田岭的连州秦汉古道、丰阳—东陂古道等。

在梅关古道开通前，西京古道是南北交通的要道。在西京古道猴子岭路段（乳源县大桥镇），一条明清时期重修的青石板路沿着山脊伸向山脚，半山腰有一间石砌拱门的亭子，名曰“心韩亭”，内有 3 座石碑，上面“乾隆十八年”字样清晰可见，旁有标识牌称：“心韩”即“崇韩”之意，意在纪念三下广东的唐代大诗人韩愈。

唐元和十四年（819 年）正月十四那一天，韩愈离开长安。农历三月上旬，他路过岭南乳源地界，遇到风雪。传说他的一只靴子丢在了雪地里，被当地村民奉为神物。韩愈去世后，村民将其靴子埋葬，在岭上修衣冠冢，谓之“韩文公墓”，并把韩愈走过的山、西京古道一段分别称为“文公山”“文公路”，后又建“心韩亭”。

“愿借图经将入界，每逢佳处便开看”，韩愈对南岭印象深刻，甚至在韶石山下停船，欣赏这山水之美，于是有了“暂欲系船韶石下，上宾虞舜整冠裾”之句。

在南岭留下足迹的文人骚客还有很多，如宋之问、杜审言、刘长卿、柳宗元、刘禹锡、王昌龄、米芾、元稹、苏轼、秦观等，不一而足。仅《大庾县志》就收有张九龄、苏轼、张九成、文天祥、汤显祖、戚继光、解缙、袁枚等历代名人以梅关为题创作的二百余首诗。

柳宗元在柳州任刺史时，对韶关的景色念念不忘，在他的诗中，南岭“梅岭寒烟藏翡翠”，美得令人心醉。苏轼多次经过梅岭，留下许多脍炙人口的诗作。翻越大庾岭时，他写下“今日岭上行，身世永相忘”，远望丹霞山，又不禁发出“此方定是神仙宅”的赞叹。南宋诗人杨万里来广东任职，对南岭秋色赞不绝口，称“岭外秋容也自浓”。明代文学家汤显祖去往广东徐闻，经梅岭作《秋发庾岭》，其中“岭色随行棹，江光满客衣。徘徊今夜月，孤鹊正南飞”之句，将南岭的暮色、江水、月光与孤鹊融为一体，令人怀想不已。

^ 西京古道（乳源瑶族自治县委宣传部供图，钟华摄）

南岭走廊庇佑先民

行走在西京古道寻找人文印记时，人们不禁要问，古道建于何时?《后汉书》记载，东汉建武二年（26 年），桂阳郡太守卫飒主持开凿西京古道。在当时，西京古道工程浩大艰巨。卫飒风餐露宿，奋力凿山通道。该路南起广东英德浛洸，北至湖南宜章，全程 500 余里，沿山就势铺设青石板为路面，并在途中修亭馆，建邮驿。这就是西京路，后人称之为西京古道。

西京古道开通后，桂阳郡的交通大为改善，百姓逐渐搬到靠近道路的地方居住，在此形成村落城镇。岭南向朝廷进贡的龙眼、荔枝等贡品，经连江从浛洸上岸，经西京古道运抵长安。

不同于西京古道有确凿的建设时间，位于广东阳山县东北部、盘亘在南岭大东山和天井山的秤架古道开建于何时，尚未发现有关文献记载。秤架古道南起阳山县青莲镇深塘村，向湖南宜章县境内延伸,沿途保留着古老的青石板路面和摩崖石刻。古道穿越的山峰多在海拔 1000 米以上，是广东海拔最高的驿道。秤架河是小北江的支流，秤架古道沿秤架河溯流而上，货船上可抵湖南，下可达珠三角。学者倾向于认为这条古道始为军道，继为官道，最后转为商道。

唐开元四年（716 年），张九龄奉命开凿大庾岭（梅关古道），建成古代的“京广线”。大庾岭又名梅岭，位于今韶关南雄北部，坐落于广东与江西交界处。这里道路崎岖，沿途多悬崖峭壁，货物只能靠人力运送。张九龄亲往大庾岭考察，设计了从南坡比较平缓的地方过岭的筑路方案。梅关古道建成后，可并行五辆马车。南来北往的邮驿、商旅络绎不绝，出现“商贾如云，货物如雨，万足践履”的景象。来自岭南及海外的货物往往转取梅关古道，抵达江西，再沿章水下至赣江，最后进入长江。直到近代粤汉铁路通车以及粤赣之间通了公路，这条通衢大道才失去它的交通意义。

在古代移民史上，很多族群都选择在南岭停下脚步，繁衍生息，从而塑造了多元的民族走廊——南岭走廊。南岭下的南雄珠玑巷，因凿通大庾岭而兴盛，成了南迁移民的庇护所和广府人的祖居之地。这里被誉为“中华文化驿站，天下广府根源”，是广府文化的发祥地。

客家人一路迁徙，在南岭找到了他们的新家园。现在，闽粤赣边南岭东部山区成了客家人的大本营。韶关始兴的满堂客家大围是岭南很有代表性的客家围屋，有 777 间房、17 个炮孔，俨然一座严实的碉堡。

南岭也是瑶族人的新家园。乳源瑶族自治县世界过山瑶博物馆的建筑恢宏大气，里面展示着瑶族刺绣、服饰、瑶医、习俗等非物质文化遗产。从会稽山到南海再落脚南岭，过山瑶先民一路迁徙，最终在南岭安家落户。南岭的瑶族人口占全国瑶族人口的三分之二以上，粤北瑶乡被誉为“世界过山瑶之乡”。瑶族人能歌善舞，连绵群山处处是歌台。如今，居住在南岭的瑶族同胞仍喜欢穿着民族特色服装，吟唱淳朴动人的瑶歌。

南岭还生活着壮族、布依族、侗族、水族、仫佬族、毛南族、苗族、畲族等少数民族，孕育出浓郁的人文风情。

古老物种庇护所

第一章·第四节

对岭南人来说，南岭是熟悉的，如同老友；但南岭又是陌生的，大山深处有什么，人们无法窥见全貌。自20世纪20年代开始，一批批专家走进南岭，开展自然资源调查和研究，这一行动延续至今，广东最大的生物物种基因库逐渐揭开神秘面纱。

1927年12月，中山大学地质系两广地质调查所技正冯景兰带领同事与学生坐火车沿粤汉铁路考察。近一年后，他们将构成丹霞山的红色岩系命名为“丹霞层”。如今，中国丹霞已成为世界自然遗产，而南岭是“丹霞”之名的来源地。李四光、吴尚时等地质学家也曾踏上过南岭的考察之旅。

南岭的动物秘境也有惊人发现。1928年5月，中山大学学生在南岭山脉之一——大瑶山首次发现鳄蜥。鳄蜥曾与恐龙生活在同一时期，被称为“爬行动物中的活化石”。如今，广东曲江罗坑鳄蜥国家级自然保护区的鳄蜥野生种群是目前已知最大的野生鳄蜥种群。有专家表示，鳄蜥没灭绝的原因或许是“懒”，它一生中绝大多数时间都在睡觉，不冬眠时每天要睡10多个小时；冬眠时要从10月睡至次年4月。

越来越多的珍稀动物在此出现，有“世界上最神秘的鸟”之称的海南鳽、广东特有物种英德睑虎、中华秋沙鸭、金斑喙凤蝶、黄腹角雉、中华鬣羚、中华穿山甲等均在南岭留下踪影。

南岭还是诸多古老孑遗物种的避难所。南岭山谷溪涧内有比恐龙早 1.5 亿年出现的桫椤。清远市阳山县秤架瑶族乡南木村有一棵千年的国家一级保护植物——南方红豆杉，历经千年风雨，依然亭亭如盖，古朴苍劲。红豆杉有着“植物活化石”之称。

在南岭国家级自然保护区小黄山景区海拔 700~1500 米处，垂直分布着一片华南五针松原始林，这是我国目前保存最完整、面积最大的华南五针松原始林。华南五针松别称“广东松”，是我国特有树种，每到冬季都会分泌出一种白色防寒物质，在阳光的作用下显现出粉蓝色，故又得名“蓝松”。

南岭还是一个“花花世界”，新发现、新记录的植物层出不穷：南岭叠鞘兰、南岭头蕊兰、南岭凤仙花、南岭姜、丹霞冷水花、丹霞鸭跖草、丹霞单枝竹、英德假糙苏、广东含笑等在这里争奇斗艳。

岭南国家公园面积约为 1/4 个广州

昆仑山、天山、贡嘎山、青藏高原都没有出现山地矮林，但南岭却保存着非常完整的山地矮林。这一现象目前在科学界还没有合理的解释，只有一些推测。或是因为气候变化，或是因为南岭山地全年的温差特别大，从而形成山地矮林这一独特的生命特征。破解此谜，对保护生物多样性具有重大意义。

2015年，我国启动国家公园体制试点，广东省加快建立以国家公园为主体的自然保护地体系。2020—2024年，广东省连续5年将国家公园创建工作写入省政府工作报告。2024年2月，“岭南国家公园”一名被正式提出。

建设中的岭南国家公园有多大？它的总面积达1932.96平方公里，约为广州的1/4，与深圳的面积差不多大。这座国家公园坐落于清远、韶关2市下辖的7个县（市、区）中，包括连州市、英德市、阳山县、曲江区、武江区、乳源瑶族自治县、乐昌市，以南岭广东境内的现有14个自然保护地划定，由曲江罗坑鳄蜥国家级自然保护区、南岭国家级自然保护区、石门台国家级自然保护区、韶关乳源大峡谷省级自然保护区、韶关乳源大潭河县级自然保护区、韶关乳源青溪洞县级自然保护区、韶关乳源山瑞鳖县级自然保护区、南岭国家森林公园、南水湖国家湿地公园、阳山国家地质公园、清远天湖省级森林公园、粤北华南虎省级自然保护区、韶关乳源泉水市级自然保护区、天井山国家森林公园等连缀整合而成。

南岭，这片经过亿万年岁月洗礼的土地，不仅守护着广东的生态安全与青翠四季，更以其独特的自然风光和深厚的文化底蕴，成为一道动人的风景线，让人回味无穷。

岭南国家公园（拟设）生物名片达 10 种，中华穿山甲、黄腹角雉、鳄蜥、华南虎、莽山原矛头蝮、英德睑虎、南方红豆杉、华南五针松、广东含笑、丹霞梧桐等榜上有名。南岭是广东省最大的生物物种基因库，是我国 14 个具有世界意义的陆地生物多样性关键地区之一。

岭南国家公园（拟设）

记录分布数据

野生动植物	5527 种
野生高等植物	4748 种
野生脊椎动物	779 种

^ 中华穿山甲（广东省林业局供图）

^ 黄腹角雉（广东省林业局供图）

^ 鳄蜥（广东省林业局供图）

^ 华南虎（广东省林业局供图）

^ 莽山原矛头蝮（广东省林业局供图）

^ 英德睑虎（广东省林业局供图）

^ 南方红豆杉（广东省林业局供图）

^ 华南五针松（广东省林业局供图）

^ 广东含笑（广东省林业局供图）

^ 丹霞梧桐（广东省林业局供图）

第二章 南粤三樵鼎足而峙

文—刘幸

粤中自古有三座鼎足而峙的名山。明末清初著名学者、“岭南三大家”之一屈大均在《广东新语》中说：“广州有三樵，曰东樵，曰南樵，曰西樵。”东樵罗浮山、南海西樵山和增城南樵山（今南香山）均是历史悠久、人文鼎盛、生态优美的岭南胜景。

罗浮山有“岭南第一山”“百粤群山之祖”等美誉。明代湛若水、方献夫、霍韬建立的四大书院让西樵山成为“理学名山”，当代学者更提出西樵山是“珠江文明的灯塔”这一说法。南樵山留下白花寺、莲洞书院、湛子洞等人文胜迹，见证了岭南文化从萌芽到发展至兴盛，最终独树一帜的崛起之路。

药香千年罗浮山

第二章·第一节

罗浮自古称“仙山”

巍巍南岭，横亘于湘粤之间，其支脉罗浮山迤逦南行，镶嵌于广州与惠州之间，孕育出独特的岭南风物，自古便有“仙山”之称。

罗浮山因何得名？传说中，蓬莱仙山有座山峰，呼作“浮山”。它漂洋过海而来，与博罗的罗山相会，由此形成了罗浮山。类似的传说还有很多，东晋文学家、史学家袁宏在《山记》中写道：“罗山自古有之。浮山本蓬莱之一峰，尧时洪水泛海浮来傅于罗山。”民间也流传着浮山泛海嫁罗山的诗：“浮山泛海自东来，嫁与罗山不用媒。合体真同夫与妇，生儿尽作小蓬莱。”

罗浮山是中原人最早熟悉的岭南地标之一。西汉初年，陆贾奉命出使南越，成功说服赵佗归汉。陆贾在岭南时，曾到罗浮山“打卡”。他北归后撰写《南越行纪》，说“罗浮山顶有湖，杨梅山桃绕其际”。这是罗浮山之名第一次见于古文献。

“大荒之内，名山五千。其在中国，有五岳作镇。罗浮、括苍辈十山为之佐命。”史学家司马迁视罗浮山为南岳“佐命”，是仅次于五岳之后的名山。清中后期，蜚声文坛的“粤东三子”之一的黄培芳更将其定义为“粤岳”。他在《浮山小志》中说：“史迁称罗浮为南岳佐命，屈氏直欲推为南岳，余谓罗浮，粤望也，可称粤岳。”罗浮山的地位可见一斑。

罗浮山成就葛洪医药传奇

从晋代开始，罗浮山逐渐成为道教名山。1600 多年前，道教丹鼎派创始人之一、医药学家葛洪与其妻鲍姑移居此处。他在此隐居 30 多年，在山中云深之处遍尝百草、施药于民、修道炼丹，并著有《抱朴子》《金匮药方》《肘后备急方》等道教哲学理论和医学著作，为岭南医学写下一段传奇。

据资料记载，葛洪曾两入罗浮山。晋惠帝光熙元年（306 年），丹阳句容（今属江苏）人葛洪受好友邀请，来到广州。谁知，好友忽然遭人所害，他觉得自己已看破红尘，决心隐修。于是，他来到罗浮山栖隐学道，采药炼丹。其间，他与南海太守鲍靓之女鲍姑成婚。两人犹如一对“神仙眷侣”，精究医药，为百姓治病。之后，葛洪返回故里。晋成帝咸和七年（332 年），葛洪为寻求丹砂举家南下，行至广州时，被刺史邓岳留下，后隐居罗浮山，炼丹修道，著述不辍，终老山中。元代画家王蒙的传世之作《葛稚川移居图》就描绘了葛洪夫妇迁居罗浮山的场景。

罗浮山的独特风物成就了葛洪。罗浮山堪称一座天然的“岭南中药宝库”。据不完全统计，这里的植物多达 3000 种，有 1600 多种药用植物，占全国药用植物种类的 18%。葛洪在《抱朴子》中记述了罗浮山丰富的中草药，“篱陌之间，顾盼皆药”。

《肘后备急方》是我国第一部临床急救手册，“肘后”二字，寓意此书可以放在袖内肘后，随时可以拿出来翻看。书中收集了大量救急用的方子，是葛洪在行医、游历的过程中收集和筛选出来的，其中记载有狂犬病、疟疾等疾病的疗法，在我国乃至世界医学史上均属首次。

为应对广东的湿热天气，葛洪配制中草药，煎煮成茶水，施于百姓，用于防病治病。有学者说，广东凉茶的源头可追溯至此。葛洪还采集罗浮山药材，炼得一种芳香液体，对寒热肿痛、无名肿痛等岭南常见疾患具有很好的疗效。在葛洪古方的基础上，明代罗浮山天华宫（今黄龙观）的陈伯辉反复试验和改进工艺，最终炼出药性平和、内服外用俱佳的百草油，这一良药不仅成了岭南百姓的居家必备，还远销海内外。

葛洪的妻子鲍姑同样医术精湛，尤其擅长灸法。《肘后备急方》109 个针灸方中有 90 多个为灸方，后人因此认为，《肘后备急方》是夫妇合著的作品。

葛洪不仅在罗浮山书写了岭南医药的一段传奇，还继承并改造了早期道教的神仙理论，发展了老子的道家玄学，并将儒家忠孝仁爱的精神纳入道教体系，其代表作《抱朴子》对岭南道教产生了重要影响。葛洪修建了南庵（冲虚观）、东庵（白鹤观）、西庵（孤青观）、北庵（酥醪观）四庵，并在四庵收徒讲学。冲虚观后来成了岭南道观的祖庭，罗浮山由此成为岭南道教的发祥地。

洞天药市居粤东四市之首

丰富的药材资源以及葛洪的医学创举与济世情怀，让罗浮山的声名更上一层楼。

唐朝后期，罗浮山一带开始了以寺观为核心的大规模农田垦殖，种植包括药材在内的多种经济作物。宋代，罗浮山冲虚古观附近形成了独具特色的药材集散地，岭南最大的中药材交易集市就此诞生。

《广东新语》中记述了广东四大市场，有“一曰药市，在罗浮山冲虚观左，亦曰洞天药市”之句。洞天药市与广州花市、合浦珠市和东莞香市一起被称为“岭南四大集市（粤东四市）”，其中，罗浮洞天药市的规模最大。鼎盛时，罗浮药市绵延数里（从朱明洞至今山下澜石村，绵延约5公里），入市者盈万，岭南乃至东南亚的药商云集于此，往来不断。

时光荏苒，药市的喧嚣声虽已消逝，但痕迹处处留存。葛洪创建的冲虚古观旁有新立的“洞天药市”牌坊，又有呈八卦状的洗药池，旁边立有一石刻，曰：“仙人洗药池，时闻药香发。洗药仙人去不返，古池冷浸梅花月。”冲虚古观旁有稚川丹灶，相传是葛洪炼丹之地，由二十四条青石砌成，四角有云龙浮雕，顶端呈葫芦状，诉说着医药大家的济世情怀。

苏轼为它代言　汤显祖绕道打卡

葛洪和罗浮山相互成就，罗浮山给葛洪提供了天时地利的条件，葛洪也让罗浮山的名气更上一层楼，吸引了许多文人墨客的目光。李白、杜甫、刘禹锡、韩愈、柳宗元、苏轼、杨万里、汤显祖、湛若水、屈大均、丘逢甲等都为罗浮山写下过经典诗篇。明代，罗浮山成了南粤学者传授心学的中心之一，岭南文脉在此绵延赓续。

在众多文人中，让罗浮山名扬四海的是苏轼。一般人被流放，多会满腹惆怅，但苏轼是乐天派，在逆境中旷达洒脱、随遇而安。他来到惠州后，就迫不及待地游览仰慕已久的罗浮山，并写道："恰从神武来弘景，便向罗浮觅稚川。"诗中的稚川，指的就是东晋著名医药学家葛洪（字稚川）。游览后，他意犹未尽，"期以明年三月复来"。他还写下流传千年的《惠州一绝·食荔支》："罗浮山下四时春，卢橘杨梅次第新。日啖荔支三百颗，不辞长作岭南人。"

可惜，苏轼重游罗浮山的愿望未能实现。他在惠州住了两年七个多月，虽然只去过一次罗浮山，但他吟咏罗浮山的佳句比比皆是。有统计显示，苏轼笔下，与罗浮山相关的作品共 49 篇（首），包括 29 首诗、1 首词、18 篇文、1 篇铭，其中既有"罗浮山下梅花村，玉雪为骨冰为魂"的诗意，也有"何人守蓬莱，夜半失左股。浮山若鹏蹲，忽展垂天羽"的奇妙。他还给自己酿的酒取名"罗浮春"，用"一杯罗浮春"来招待远客。

与苏轼“意气相投”的还有明代文学家汤显祖。明万历四年（1576 年），汤显祖北上应试，偶遇东莞文人祁衍曾，得知罗浮之美，从此对罗浮山念念不忘。当被贬徐闻、途经广州时，他没有直接去徐闻，而是反向绕道，游览罗浮山。

汤显祖攀登罗浮山后，写下 18 首（篇）诗赋。后人从诗中得知，汤显祖是连夜出发的，可见其心情之急迫。汤显祖在罗浮山待了五天四夜，曾夜宿飞云顶，并连夜写就长达 2200 余字的《游罗浮山赋》。

汤显祖还被“罗浮梅花”这个传说打动了。相传隋朝官员赵师雄游罗浮山，遇一美女，遂饮酒交谈，赵醉酒后醒来发现自己睡在山中一棵梅树下。汤显祖受此影响，写下“夜酒朱明馆，参星倚户开。梅花须放蚤，欲梦美人来”之句。据说这个传说，后来还成了汤显祖创作《牡丹亭》的素材。

湛若水山上传授心学
罗浮书院群成学术中心

除了吸引文人墨客前来吟咏，罗浮山还是岭南学术中心之一。东樵罗浮山早在宋代就已成为岭南理学名山。据史料记载，南宋绍兴二年（1132 年），博罗县主簿罗从彦在罗浮山创建钓鳌书院，传授二程理学。

到了明嘉靖年间，湛若水在罗浮山创建朱明、青霞、天华三座书院，传授心学，罗浮山成为宣扬儒家理学的名山。在湛若水的带动下，他的门生弟子大多在罗浮山聚徒讲学。据明戴璟所著《广东通志初稿》记载，嘉靖年间，广东8个州府共有书院56家，其中惠州有14家，书院之多，仅次于广州，居广东第二。屈大均称："是时湛甘泉（若水）治朱明，方西樵（献夫）治金牛，其后黄泰泉（佐）治泰霞，庞弼唐（嵩）治黄龙，叶䌹斋（春及）治石洞，于时讲学之盛，海内莫有过于罗浮者，罗浮遂为道学之山。"罗浮山书院群成为当时有名的学术中心，对中晚明时期惠州地方文化的发展产生了深刻影响，涌现了代表着明代最高学术水平的群体。湛若水的弟子、惠州籍的叶春及是其中的代表人物，他的《石洞集》被收入清代《四库全书》。《四库全书总目提要》评价："所著政书，井然有条。朱彝尊称其诗宗杜陵，不落程，邵门户，故音节亦殊清亮。文章差近平直，而亦明畅。"

^ 冲虚古观（骆昌威摄）

∧ 罗浮山云雾缭绕（罗浮山风景名胜区供图，叶瑞和摄）

从远古的文明火种，到文人墨客的墨香传承，再到近代的变革思潮，西樵山见证了岭南文化的繁荣与发展，承载了岭南人“求新求变、创新进取”的精神，成为岭南文化一个诗意而厚重的坐标。

4 万年前已有人类活动

2024 年 6 月 27 日，广东文物考古研究院、南海博物馆发布最新研究成果：确认西樵山平面岗遗址包含新石器时代和旧石器时代两个时期的遗存（旧石器时代堆积距今 4 万年以上，新石器时代堆积多为距今 5900~5000 年之间）。这是广佛地区目前发现的年代最早的人类遗存，将西樵山人类活动足迹上溯至 4 万年前。

其实，考古学家已在西樵山进行了数十年的发掘，远古时期在此生活与劳作的先民身影早已进入了人们的视野。1958 年，西樵山居民沿山麓开挖排洪环山沟时，首次发现了西樵山石器遗址。1960 年，中国考古学家贾兰坡等在西樵山上发现以细石器和双肩石器为特征的史前人类活动遗址。考古学家提出，在新石器时代，西樵山是我国南方规模最大的采石场和石器制造基地，先后发掘出二三十个石器制造遗址，可容纳上千人同时劳作。西樵山采石场规模很大，同一时期在北方只有山西省怀仁市的鹅毛口古石器遗址（面积约 2 万平方米）能与之比肩。贾兰坡因此率先提出“西樵山文化”一词。从 1976 年起，中山大学教授曾骐带领学生到西樵山考古，进一步提出“西樵山是珠江文明的灯塔”这一说法。

“西樵山文化”的影响十分深远。考古学家发现，整个珠三角地区、海南、广西以及香港地区都有西樵山双肩石器的踪迹。可以说，西樵山文化为岭南文化的形成注入了最初的生机与活力，并沿袭至今，成为岭南文化一个不可或缺的重要源头。

“回樵”寓意好意头

走进西樵山南门，一路行至石燕岩古采石场遗址，不远处就是一块“回樵”石。工作人员提醒游人说：“记得要‘回樵’哦!”“回樵”带有好意头，指西樵山来过一次，一定还要再来一次，这样会有好运。

“回樵”为何象征好意头？这还得从西汉南越王时期的故事说起。当时，今珠三角的大部分地区还在水面之下，西樵山是水中一座岛山，从古番禺城泛舟来此，大约需要两天时间。西汉初年，汉高祖刘邦派重臣陆贾南下，说服赵佗归汉。相传，当时正值春暖花开，赵佗带着陆贾前往西樵山共赏美景，谈判十分顺利，赵佗同意归汉。刘邦去世后，赵佗与汉朝再起争端，汉文帝再派陆贾出访岭南，赵佗和陆贾再次同赴西樵山，谈判顺利，赵佗再次归汉。“回樵”由此成为千年佳话，“回樵”一词也成了好意头的象征。

唐代诗人带来茶种

西樵美景吸引了无数文人墨客，其中就有写下“凭君莫话封侯事，一将成名万骨枯”名句的晚唐诗人曹松。他在此隐居十余年，还将种茶技艺传授给当地人，成为佳话。“西樵”山名的历史，可追溯至唐宋时期。曹松《西樵书怀》诗中有“半川残雾笼寒树”之句，可见西樵山风景之清幽。

曹松生于舒州（今安徽潜山）。由于科考不顺，他四处游历，被西樵山的风景吸引，在这里住了下来。他发现山中环境适宜种茶，就从浙江顾渚山（位于今浙江湖州长兴）找来茶树种送给山民，还将种茶制茶之法传授给他们。西樵山民原本生活贫苦，得以靠种茶帮补生计，都很感激曹松。

曹松在西樵山耕田赋诗十多年后下山离去。多年后，年逾七十的他终于考中进士，可惜年事已高，两年后就去世了。为纪念他，山民在西樵山上建起了一座茶仙庙。如今，山中云路村有一间寺庙，名为观音堂，据说正是茶仙庙的所在地。

“茶仙”走了，但西樵山成了岭南最早的产茶区，产出的云雾茶（又名苦丁茶）名扬四海，还曾被进贡朝廷。这种茶树长得很高大，叶片也很宽，以一芽入壶，泡出的茶汤色清味苦，入口后却回甘无穷。明代顺德人刘士奇有“向道蒙山武夷胜，岂知樵涧摘春丛”之句，将西樵云雾茶与福建武夷茶、四川蒙顶茶相比较。

明清时期，西樵山茶业达到鼎盛，山上茶田遍山，山下茶行街（今西樵商业中心后面一带）车水马龙。彼时，西樵山繁盛的茶业写下岭南茶业历史的重要一页。后来，岭南逐渐发展成全国主要产茶区之一，形成了较为成熟的产茶、制茶、售茶产业链。如今，西樵山虽不再是茶叶集散地，但山中的老茶树与山下的茶行街见证了其辉煌的茶业历史。

明代创建四大书院成理学名山

“仓廪实而知礼节”，富饶的珠三角培养出了许多博学睿智的有识之士。明清以降，湛若水、方献夫、霍韬、康有为、梁启超、黄飞鸿……先后与西樵山紧密相连，赓续这片热土勇于创新的特质，成为这片土地人文璀璨的符号，为西樵山增添了浓郁的文化气息。

古语有云：“南粤名山数二樵。”不过，就文化地位而言，直到明朝嘉靖年间，西樵山尚不能与罗浮山相提并论。随着以珠江三角洲为核心的广府地区经济快速发展，西樵山的文化实力也逐渐呈现，明代先贤逐渐登上历史舞台。15 世纪中叶，距西樵山不远的新会县白沙里，出了一位理学大家陈献章。他开启了岭南理学引领有明一代思想潮流的先河。之后，随着湛若水、方献夫、霍韬等大儒相继入驻西樵山开办书院，西樵山逐渐成为理学中心，文化地位超然。

古时候，士大夫的讲学注重“藏于山”。西樵山的绝佳风景和附近富饶的土地吸引了众多理学名儒，湛若水首次到访西樵山，写下“莫种桃花临水岸，引人来问武陵津”之句。他认为西樵山有世外桃源之美，适合隐居与教学。

在湛若水、方献夫、霍韬建立的四大书院中，名声最大、开建最早的是大科书院。在大科书院，湛若水著书讲学，西樵山亦成了甘泉学派在岭南的重要讲学地及思想传播地。清人刘子秀说：“当湛子讲席，五方问业云集，山中大科之名，几与岳麓、白鹿鼎峙，故西樵遂称道学之山。”可见，当时大科书院几乎能与湖南岳麓书院、江西白鹿书院媲美。湛若水晚年又在西樵山建云谷书院，比大科书院规模更大。

湛若水给大科书院制定的系列训规，成为明代以后大量新兴书院制定规条的重要参考。《大科训规》全文约 6000 字，共 61 条，具体阐明学生应如何立志、如何用功、如何进行生活管理等规则。

学生应如何立志?《大科训规》规定:“诸生为学，必先立志，如作室者，先曰其基址，乃可。志者，志于道也，立之是敬。”湛若水以建房子首先要打好基础为比喻，要求学生为学先立志，并且要“志于道”。道，便是天理，学生立志之后，才可以修习体现天理之法。学生应如何用功?《大科训规》要求学生要随心、随意、随身、随家、随国、随天下。在生活管理方面，《大科训规》要求学生孝顺父母，尊敬师长，友爱朋友。《大科训规》中的很多教育思想，仍值得今人借鉴。

紧跟湛若水步伐的是西樵本地人方献夫。方献夫曾辅佐嘉靖皇帝，告老还乡后重登西樵山，在石泉书院讲学十年，被世人称为“西樵先生”。

四峰书院则是霍氏宗族培养子弟的重要场所，霍氏子弟七岁入社学，十余岁入四峰书院读书。这一措施成效显著，霍韬的历代子孙功名颇盛。

四大书院建成后，慕名而来的学子越来越多，西樵山终成南粤理学名山。浙江学者方豪在《西樵书院记》中赞叹：“西樵者，天下之西樵，天下后世之西樵，非岭南之西樵也。”

光阴荏苒，如今，四大书院的书声已消失，西樵山上唯四峰书院留有遗址，讲述着岭南文脉的故事。

西樵山成变法摇篮

四大书院虽已远去，后人仍在续写传奇，发扬“求新求变”精神。清乾隆五十四年（1789年），西樵人岑怀瑾在西樵山白云洞创建三湖书院。

如今，沿着会龙湖畔蜿蜒而上就可到达三湖书院旧址，牌匾上“三湖书院”四个大字出自清代名臣林则徐之手，遒劲有力。

清代，在三湖书院求学的学子中，以自号“西樵山人”的康有为最为有名。光绪五年（1879年），深感旧学不足以应对时代挑战，对国家未来充满忧虑的康有为来到西樵山，巧遇从京城翰林院来的编修张鼎华。初次见面，两人意见不合，不欢而散，不过后来二人成了忘年交。在与张鼎华的交往中，康有为接触到了当时的新思想。他在西樵山求学两年，广泛涉猎各家经典，探寻维新强国之道，为日后推动“戊戌变法”奠定了坚实的思想基础。因此，三湖书院被誉为“戊戌变法的摇篮”。

康有为的学生梁启超也在三湖书院留下过足迹。一年春节，梁启超来到西樵山游览。他本来想参加当时的民俗活动评花会，不料刚下了一场寒雨，花草均被风雨打落。梁启超看到满地都是残花，写下楹联：“春尽花魂犹恋石，雨余山气欲吞湖。”他抒发了遗憾之情，又借助西樵山的壮观之景，寄托救国为民的抱负。

这副楹联至今保留于三湖书院。

^ 湛子讲学岩（骆昌威摄）

深藏功名南樵山

第二章·第三节

东樵罗浮山，南海西樵山早已誉满岭南，那南樵在哪？今日广州市增城区的南香山正是南樵，其人文历史绵延近两千年，白花寺、莲洞书院、湛子洞等人文胜迹，见证了岭南文脉生生不息的绵延与传承。

东汉时就书香氤氲

从增城区永宁大道拐进南香山森林公园，可见满眼青翠欲滴，紫荆花怒放。街坊们三三两两，或欣赏鸟语花香，或登顶祈福，或前往湛子洞、莲洞书院遗址，致敬岭南先贤……若时光倒流千年，山中赶路的则是求学的莘莘学子。

先秦时，今珠三角的诸多平地还未“长出”水面。清代《顺德县志》记载：“昔者五岭以南皆大海耳，渐为洲岛，渐成乡井，民亦蕃焉。”南樵所在地亦如此，其距古广州城（今越秀区）约 50 公里，曾是珠江东江流域的一个小岛，如今离最近的东江畔也已有 10 多公里，可谓见证了沧海桑田之变。

《印记宁西》一书记载，南樵海拔 434.1 米，比白云山高约 50 米，面积 28.1 平方公里。从空中俯瞰，南樵山体呈西北往东南走向，在东江灌入狮子洋东侧的一片平原上，突出矗立于江北。秦统一岭南后，首批中原人开发岭南，南樵就成了先民在东江流域航行时辨别方向的标志。南樵最高峰——功名顶又被古人称为“船桅峰”。

让人惊讶的是，除了是船只航行的天然航标，南樵山早在

1900多年前就已经书香氤氲。

典籍记载，南樵最早的建筑始自东汉，先民在此开建白花书院，传播儒学。《白花寺碑记》称，白花书院始建于东汉永平十一年（68年）。为何起名“白花”？相关史料尚未发现有关记载。后人只知白花书院位于南樵东面半山处的莲花座（因该处形似莲花座），所在的数百米深山谷则被称为莲花洞，所以白花书院又被称为莲花书院。

此处为何早早就有书院？原来，汉武帝“罢黜百家，独尊儒术”后，除官方教学机构外，各地传播儒学之书苑、书舍等纷纷出现。从两汉到三国时期，广州私人办学之风渐盛，最著名的是吴国经学家虞翻，他在虞苑（地点在今光孝寺）讲学十余年，培养门生数百人。《印记宁西》的主编巫国明推测，南樵山的白花书院建于两汉到三国年间，或许正与此背景有关。

相对于建安六年（201年）设立增城县，白花书院建立时间更早，因此民间一直有“未有增城，先有白花”之说。魏晋南北朝时，佛教兴盛，白花书院被改为白花寺。相传，白花寺的开山始祖正是与广州光孝寺属同一门派的远尘和尚。

据传葛洪也登过南樵。东晋年间，他自广州城出发，溯东江前往东樵罗浮山，路过增城远远看见南樵突起江畔，气势不凡，心向往之。在东樵落脚后，葛洪择日下山，到了增城仙村。他发现当地很多民众因天灾得病，疫疾流行，便直奔南樵，一览秀色之余，更采集草药，为百姓医治疑难杂症。葛洪医术高明，药到病除。百姓奉其为仙人，并建祠以祀。今日，南樵山下仙村一路的葛仙祠依然香火不断。

慢慢地，南樵山下先民渐繁，文脉渐盛。让人感慨的是，之后南樵命运坎坷，历经千年的风风雨雨，曾文风鼎盛，亦曾寥落冷清。

山下斯庄村烧砖建宋三城

唐宋之际，大批中原人迁徙到岭南。据如今山下冯村、石迳、路边等村的族谱记载，其祖先均于唐代到增城开基。

南樵山下，人文渐盛。宋初岭南进士第一人古成之少年时就曾在南樵东南麓的雅瑶村读书。至宋代中期，南樵迎来首个兴盛时期，山里有丹室、寺庙、庵堂、书院等建筑，天天晨钟暮鼓，时时香火萦绕，常常游人如织。

宋代是广州建城史上的重要时期。两宋年间共修筑广州城墙达 21 次。先民在唐代“州城三重”及南汉兴王府的基础上，拓建子（中）、东、西三城，人称“宋三城”，加之新筑南城，面积约 20 平方公里，范围大致为东至今越秀路，西至今人民路，南至今大德路，北至今东风路。

筑城规模如此庞大，天量修城砖取自何方？ 1989 年，经广州市文物管理委员会鉴定和考古人员现场考证，南樵山下斯庄村打水坑有宋代砖窑遗址，该遗址为广州修城砖的来源地之一。窑内有戳印“广州修城砖”和“增城县修城砖”字样的青灰色砖块。砖块坚硬如石，击之声响铿锵。

斯庄村拥有大量优质的黏土，不远处就是西福河旧河道，相比肇庆、韶关等其他修城砖来源地，烧制好的“广州修城砖”可通过更便利的水路运抵广州城，这就使得斯庄村成了宋代重要的修城砖供应基地。

一业兴，百业旺。南樵面向珠江口，西面是广州府城，山下有粤东各地至广州的九龙古驿道，交通方便，因此南樵北麓东面的岭吓村（今冯村一带）在宋代商客如云。当时，岭吓村手工业发达，有陶瓷制造厂、铸铁坊、织布坊、酿酒厂等；农业更发达，除种植水稻、甘蔗、麻桑、荔枝外，辟有近百个鱼塘，至今旧鱼塘土名尚存。

岭吓村物产丰富，交通便利，货如轮转，故而孕育出粤中少有的大型集市，后人称之为太和墟。许多商人迁居至此，岭吓村迅速发展成为商业重镇，居民达一万余人，遂有了“小广州”的美誉。

然而，交通便利的岭吓村亦是兵家必争之地。宋元交替之际，文天祥勤王兵败。1278 年，左丞相陆秀夫、张世杰等拥护小皇帝赵昺登基。至增城南樵时，陆秀夫见此地山高林密、地形险要，遂于南樵山麓安营扎寨，号召大家扶宋抗元。岭吓村民众纷纷响应，参加者千余人。

南樵山下有一个山坳叫九龙坳，道路险要，是古代潮汕至广州的必经之路。宋兵及义兵在此埋伏，当元兵进坳时，伏军骤起，数次把元兵杀得大败而逃。不久，元兵派出万余精锐铁骑，把岭吓村围困得水泄不通，并放火焚烧陆秀夫的南樵大营。南樵山上的白花寺、观音庙等悉数被毁，号称“小广州”的岭吓村也毁于一旦，陆秀夫被迫率领残兵往南向崖门方向逃亡。

从此，南樵香火渐微，寺庙荒圮，人烟愈稀。广州老报人李德是路边村人，他曾回忆，年轻时（民国时期），他经过岭吓村旧址，村内尚存20余户居民，有一座“三贤祠”，每天香火不断，奉祀文天祥、陆秀夫、张世杰三位英烈，墙壁上还留有一首清代的佚名诗。村民指着四周对他说：“这里就是昔日的小广州。”

明代湛若水建莲洞书院

屈大均说，岭南文化“始然于汉，炽于唐于宋，至有明乃照于四方焉”。在岭南文化崛起的过程中，增城人湛若水功不可没。

明嘉靖十五年（1536年），时任南京吏部尚书的湛若水告假回乡。回到增城后，他发现南樵林幽泉碧，是读书的好地方，便在南樵莲花洞兴建书院。为了区别汉代的莲花书院，湛若水将其在南樵创办的书院取名为莲洞书院（当地人将两者统称为莲花书院）。

创建书院期间，湛若水先后写下了《同游娥眉山莲花洞有作》《再宿莲洞作》《莲洞摩崖颂》三首诗，并亲笔书写“莲花座”“海阔天空”等字镌刻于摩崖之上。莲洞书院广招英才而育之，慧泽四海，南樵山迎来一个全新的鼎盛时期。

莲洞书院位于南樵山腹，山高路陡。学生背负粮食上山十分困难。湛若水遂以按比例纳税为条件，获准将四周十多顷无主荒地纳入莲洞书院范围，供书院开垦以作“赡田”“义田”之用。经过数年开垦，“馆谷”收入越来越多，除了用于资助贫困与品学兼优的学生外，还用于修建院舍、改善排水系统等。

据史书记载，湛若水为了建筑莲洞书院和设立莲洞书院的赡田，几乎花费了近20年俸禄的积蓄，仅开垦莲洞书院赡田的人工费用，就用了白银1500两。莲洞书院所置赡田的规模，也排在湛若水所办的全部书院赡田之首。

莲洞书院建成后，湛若水时常在书院讲学，使得南樵书香味渐浓。时至今日，增城民间还流传着莲洞书院“九个门生十个中”的传说：一年，莲洞书院九个学生参加县试，一个杂役随从。放榜之日，人们发现，黄榜之上，莲洞书院竟有十人高中。为何如此呢？原来，考试那天，随从杂役想练练手，遂进场应考，不料亦榜上有名。从此，到莲洞书院求学的士子越来越多。

可惜的是，明万历七年（1579年），朝廷下令“毁天下书院为公廨”，莲洞书院就此荒废，湛若水的心血付诸东流。

60多年后的明末清初，南樵再遭战火。彼时，南樵因其地形特点，被当作反清复明的基地。“岭南三大家”中的屈大均、陈恭尹均曾出没南樵。一时间，南樵周边战火屡起，八方学子望而却步；四面香客闻之生畏。南樵再次香火熄灭，人气冷清。

莲洞书院是否毁于明末清初？对此，广州市文物考古研究院的专家张百祥表示，莲洞书院遗址出土了大量明嘉靖—万历年间的瓦当和瓷片，却没发现任何清代遗物，这符合县志等文献的记载。

明末清初，南樵之名也从名山胜地的行列中逐渐淡出，整个清代，唯有乾隆年间的增城知县管一清，在舟中远望南樵山时曾赋诗曰：“一曲娥眉横海上，南樵风致胜东樵。”从诗中可知，管一清虽然认为南樵的风景比罗浮山更胜一筹，但他只是远望而已。由此，久而久之，人们连南樵都不提了，历史文化沉淀深厚的南樵就这样淡出了人们的视野。

莲洞书院遗址重现

幸运的是，屈大均的《广东新语》留下“广州有三樵”的珍贵史料，让有志者得以穿越历史盲区，重新认识浸润过千年“琼浆”的南樵。21 世纪初，沉寂了 300 多年的南樵又一次被春风唤醒。

湛汝松就是唤醒南樵的学者之一。2003 年退休后，他开始寻觅湛若水在南樵留下的印迹。2009 年 11 月 23 日上午，一学生发来信息，说发现疑似莲洞书院遗址。湛汝松立刻与记者相约，登山寻觅。当天下午 5 点多，一行 6 人终于在密林的碎砖堆中找到莲洞书院的一截断壁残垣，接着又在附近找到“海阔天空”刻石。当晚，湛汝松夜不能寐，当即写了《触摸莲洞书院》一文，向外界披露南樵莲洞书院重见天日的重要消息。之后，湛汝松接受文史部门委托，搜集大量资料，多次撰写文章向世人介绍南樵。

有关南樵的研究成果在不断更新。2016 年，考古工作者根据文献记载，在南樵东南麓半山腰整体挖掘出莲洞书院遗址。之所以确认该处是莲花书院遗址，是因为在已清理的莲洞书院出土遗物中，有一件刻有“乙巳春泉翁（書）”的红砂岩残碑。湛若水号甘泉，碑刻中的“泉翁”指的就是他。“乙巳”是年份，为明嘉靖二十四年（1545 年），与文献记载的莲洞书院建于嘉靖年间相吻合。另外，书院的布局结构也与湛若水《娥眉山莲花洞开创书馆记》中的记载吻合。

2023 年 2 月 21 日，历时 3 年施工建设，莲洞书院遗址保护与展示利用项目顺利通过竣工验收，工程基本完工。湛若水历史上创办的 40 余所书院中，“莲洞书院”遗址是目前唯一经过考古发掘且保存完整的重要遗址。莲花书院建设项目包括讲堂、先贤祠、正堂、甘泉广场、牌坊等主体功能建筑，项目完工后会为国内外研究、展示、宣传甘泉文化提供最重要的载体平台。

南樵半山腰的一块巨石上有“湛子洞”摩崖石刻。石刻未有作者落款。据专家考证，从笔迹判断，“湛子洞”三字应为湛若水所书。因“湛”字和“洞”字本来是两个“三点水”，即一共“六点水”，但如果仔细数一数，便会发现多了“几点水”。为何会出现这种现象？这是因为湛若水的恩师陈献章最擅长用自创的茅龙笔写字，而用茅龙笔写字，最明显的特征就是“飞白”。湛若水也喜用茅龙笔写字，所以写出来的“三点水”与众不同，看上去多了“几点水”。

经过湛子洞往上攀登，可见到莲洞书院遗址，书院依山势而建，坐西北向东南。建筑基址分布于两条小溪交汇处的五级平台上，呈中轴对称结构。五级平台从东南向西北逐级升高，各平台间通过中轴线上的台阶连接。据介绍，第一级平台为书院的门楼；第二、第三平台可能为书院的诸生馆；第四平台为书院的讲堂，两侧为翼廊；第五平台为书院的正堂及左右偏堂，两侧为从第四平台延伸而上的翼廊。

在距离遗址西北部数十米处，有一“海阔天空”摩崖石刻，雕刻痕迹清晰可辨。该石顶部还刻有“中主石”三字，专家推测应与书院的建筑布局有关，该石刻应位于莲洞书院建筑的中轴线上，或许当年湛若水讲课之余就到这个书院的最高点远眺东江，俯瞰增城。

站在南樵顶峰，举目四望，东江蜿蜒曲折，增城尽收眼底。如今，越来越多人为岭南文化所吸引，到南樵寻访莲洞书院、致敬湛子洞的访客越来越多，当中既有学生、文艺爱好者，也有居民、文史学者。增城把修建南香山森林公园列为重点工程后，一条花岗岩石阶从山脚铺到山顶。莲洞书院遗址、“湛子洞”“海阔天空”摩崖石刻等古迹从厚厚的历史尘烟中重见天日，与满山绿树、奇花、清泉、怪石一起，共同诉说着岭南文脉的传承故事。

^ 航拍莲洞书院遗址（陈忧子摄）

第三章

三脉青山嵌入城

文一刘辛

青山嵌入城，风物此间多。

南粤大地多条山脉横亘，首脉南岭，巍巍荡荡，其支脉罗浮山、九连山、青云山（简称“三脉”）逶迤向南，嵌入广州——一座山水相依、江海互融的超大城市。亿万年来，三脉构筑了广州的生态屏障，孕育了广州之巅；滋养着万物，养育了广州已知最早的人类；见证了一代代先民坚韧前行的足迹，留下了底蕴厚重的人文故事。

广州北部有三脉

第三章·第一节

“直上天南海上楼，海天一色望中收。不知沧海连天阔，只觉青山与海浮……”在清人李调元《登镇海楼》一诗中，广州“云山珠水”的诗意格局跃然纸上。今日之广州，不仅有“云山珠水”，还是一个集“山水城田海”景观于一体的超大城市。广州地处南岭山脉向平原三角洲的过渡地带，从高空俯瞰，广州自北往南地貌依次为中低山区、山间盆地、丘陵、平原、江湖、海洋，其中北部呈现“两谷镶嵌、三脉入城、四水纵贯”的山水格局，构成广州的生态屏障。

高空下的“三脉”呈倒斜的“山”字状，南岭乃“三脉”之祖，构成“山”字的一横。所谓“三脉”，即罗浮山、九连山、青云山，自东向西嵌入增城、从化、花都，构成“山”字三竖，成为“三脉”，坐拥十多座海拔逾千米的山峰，其中就有广州最高峰——天堂顶（海拔 1210 米）。“三脉”之中，九连山绵延得最长：它从五岭之一的大庾岭出发，深入广州的部分即为街坊熟悉的白云山与越秀山。明代学者黄佐在《白云山赋》中写道：“维南越之主山，奠广州之野北。自大庾以逶迤，背三城而崒嵂……觉云山为之增色，珠海借以生春……”

广州北部有“三脉”，也有“两谷”。所谓“两谷”，即“三脉”里涓涓细流汇成流溪河、增江，从而构成的两个河谷。此外，北部还有“四水”，即流溪河、增江、东江、巴江河。流溪河淌过广州城区最高峰帽峰山（海拔 534.9 米），与巴江河合流，汇入珠江；增江绕开增城区最高峰牛牯嶂（海拔 1084.3 米），注入东江，滔滔江水流经番禺、南沙，奔入南海，奠定了广州“山水相依、江海互融、城乡交织”的大格局。

作为南岭的支脉，广州北部山脉历经岁月，从沧海中“长”出。

广州有丰富的地质遗迹，保留着4个时代约18亿年的地层——元古代、古生代、中生代、新生代，可谓“四世同堂”，这在中国乃至世界级地质公园中都是罕见的。

帽峰山已有18亿岁

帽峰山是广州闻名遐迩的一座山。山坡度由缓渐陡，登顶时，得爬上一段异常崎岖的陡坡。山顶最高处矗立着一块黄蜡巨石，刻有“帽峰山”三个大字。巨石周边，一块块变质岩露出真容，外表有暗有浅，其中暗色矿物（角闪石、黑云母）以一定的顺序排列，浅色矿物（长石、石英等）则不均匀地断续分布。历经风雨，变质岩已无棱角，呈浑圆状，人们可以坐在上面休憩。

这些变质岩正是广州目前已知最古老的岩石。经鉴定，帽峰山山顶的变质岩形成于约18.2亿年前，为中国南方乃至东南亚古老地层。

18亿年变迁多，沧桑几度到人间。站在帽峰山山顶，周边郁郁葱葱，一览众山小。据帽峰山公园负责人介绍，天气好的时候，站在山顶还能望见东边的罗浮山、南边的广州塔。游人可同框定格最古老的事物与最现代的建筑，真切感受时空的变幻。

留七次燕山运动印记

广州北部山脉发生过七次燕山运动（侏罗纪到白垩纪），属全国最多。也正是燕山运动，基本奠定了现代广东的地貌轮廓。

山脉的成因主要有两种：一是火山爆发后的岩浆冷凝形成；二是地球的板块相互撞击、重叠、堆积形成。从化大尖山的成因就是前者，周边皆是错落排列的火山锥。这里有世界上最古老、海拔最高的火山颈。目前世界上发现的火山多是一两万年前形成的，海拔几十米。大尖山一带的火山锥是侏罗纪时期（约1.44亿年前）燕山运动火山爆发后留下的锥形地貌；黄鹿嶂至大尖山一带，火山颈最高处海拔约1000米。

广州之巅——天堂顶是因板块挤压，顶部的花岗岩随岩浆抬升后形成的。天堂顶位于九连山与青云山向南伸展的余脉接合部。巧的是，天堂顶所在地还处于广州—从化断裂带（简称“广从断裂带”）。广从断裂带北起从化吕田，经良口、温泉到街口；往南经神岗、太平、钟落潭、太和、龙归，从白云山西侧进入越秀区和荔湾区，后延伸至佛山南海，长约130公里，影响宽度达十几公里。

北部山脉与广从断裂带“携手”，形成了险峰与稀有温泉共存之美景。关于从化温泉的成因，专家分析说，广州北部山脉阻挡南海水汽北上，使得从化降雨丰富。因断裂层深部有破碎带，利于雨水大量渗入地下，形成丰富的地下水资源。同时，由于广从断裂带活动仍较频繁，故而可以释放能量，加热地下水。

地下水被加热后，沿着地质构造向上移动，最终以温泉的形式露出地表，形成稀有温泉——迄今世界上仅有的两处含氡苏打的温泉之一。

先民挥洒智慧与汗水，将这一独特风物为人所用。明清时期，从化温泉已闻名遐迩，有“岭南第一泉”之美誉。民国时期，航空界名人刘沛泉在一次驾机飞行中看到从化温泉天湖瀑布，便邀好友一起调研，后来还成立了“从化温泉建设促进会”。玉壶溪馆是他们合建的当年最早经营的温泉浴场。刘沛泉雇人开凿的有“温泉”字样的石碑如今矗立在广东温泉宾馆河东餐厅旁。每到冬天，从化温泉都会吸引大批市民游客前往，是广州人“仁者乐山，智者乐水”的好去处。

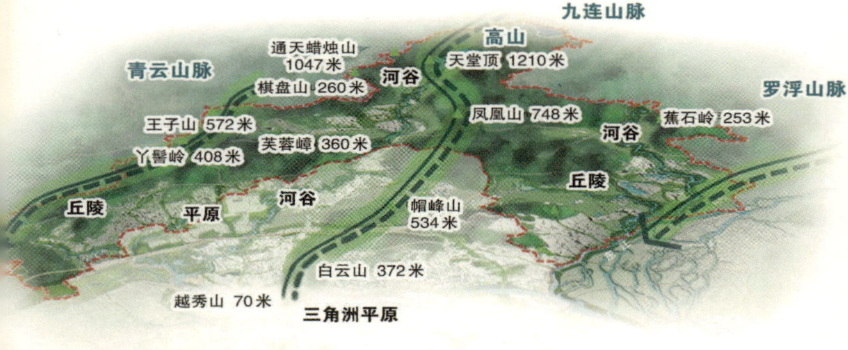

^ 广州北部山水格局示意图

^ 广州之巅——天堂顶（石门国家森林公园供图）

三脉秀美抱羊城

第三章·第二节

广州北部的山区，山清水秀，而且历史文化底蕴深厚。这里有新石器时期古人生活的遗迹，还是中原移民从岭北、粤北向珠江三角洲迁移的重要通道，留下众多古老的村落。中原文化与百越文化在这里碰撞、交融，丰富了岭南文化的内涵。

九连山孕育广州最早人类

“三脉”之中的九连山（因环连增城、从化、龙川等 9 地而得名）源自大庾岭，自粤赣两省交界处向西南挺进，与广州城关系最密切，逾千米的山峰数这里最多，包括天堂顶、鸡枕山、黄茶园、老虎头、三角山、烧伤岭、三角髻、牛牯嶂、八仙岭、平顶等。往南，山势渐缓，从大尖山、凤凰山、杨大岭，再到帽峰山，最后到白云山、越秀山，几成“一”字排列入城，构成了“远山为屏、中山依郭、余脉入城”的盛景。

青山涌出清泉，养育了广州已知最早的人类。北部山脉环抱的狮象岩遗址位于从化吕田镇狮象村以西约 500 米，是一座山丘，内有天然石灰岩溶洞，因形似狮、象而得名。1984 年，这里发现了一石质刮削器。2002—2003 年，考古工作者对遗址进行发掘，出土了石锛、石镞、石环等一批石器以及罐、釜、陶器等。这些器物显示，早在新石器晚期就有先民在狮象岩生活。他们在手臂上佩戴为饰的石环，可以说是手镯的雏形。

2013 年，考古工作者对横岭东段岗顶进行抢救性考古发掘，发现了一处新石器时代晚期墓地，将其称为从化横岭遗址，其中有随葬的残陶器或陶片，属“碎物葬”，说明当时这里可能流行“二次葬”习俗，与粤北石峡文化有相似之处。广州市文物考古研究院院长张强禄表示，广州从化横岭遗址、狮象岩遗址都有与石峡文化相关的文化因素，显示两地存在交流。

狮象岩一带的居民一直生生不息。狮象岩遗址上层出土的文物中还有战国、汉代与唐代的器物，表明此地一直有人类生活，直到现在。

“岭南首第”帽峰山苦读

“三脉”纵横路难行，后人便在山与山的间隙开凿了古驿道（古道）。古道南下广州城，北越南岭，连通中原。如今，从化还保留有钱岗古道、影古古道、溉洞古道、东坑古道、莲麻古道等古迹，它们见证了一段又一段历史。

帽峰山留有 637 级千年古道，古道用麻石铺砌，宽超 1 米，连接着半山腰的帽峰古庙。据传，帽峰古庙初建于五代十国时期，由当时山下氏族大户修建。因此地山峦回环，流水涟涟，于是建古庙以侍奉“帽峰山神”。北宋年间，享有“岭南文风第一人”美誉的古成之少年时曾在帽峰山苦读诗书。宋太宗雍熙元年（984 年），古成之首次进京赶考，考取第二名。如此成绩对于南方学子来说实属罕见，传说同住的两人对古成之非常嫉妒，暗中在酒中下毒。古成之饮下毒酒后一时喑哑，第二日廷对功亏一篑。宋太宗端拱二年（989 年），古成之再度参加科考，成为宋朝广东第一位中进士者，被誉为“岭南首第”。一时帽峰古庙香火兴旺，帽峰山也深受读书人推崇。古成之辞世后，来到岭南的苏轼专门为其写下一篇五言诗，其中有“遗像似李白，一奠临江觞”之句，慨叹古成之有李白遗风。

古道护佑着先民顺利迁徙岭南。今从化区钱岗古村已有800多年历史。在宋元之际，南宋左丞相陆秀夫的后裔从南雄珠玑巷迁到钱岗古村（古番禺县宁乐乡）定居。明代，陆氏后人陆广裕等在村内建广裕祠。祠内还有一幅描绘清初珠江繁华景象的木雕——江城图，被誉为“广州清明上河图”。

除了陆秀夫后人，宋代文豪欧阳修的后人也循着古道前来定居，留下“屋靠青山、门环玉带”的广府民居——钟楼古村。《全粤村情》记载，钟楼古村始建于清咸丰年间，相传建村者欧阳枢、欧阳载兄弟是宋代文豪欧阳修的后裔。

钟楼古村依山而立，七列主体建筑平行整齐，以欧阳仁山公祠为中轴线，共分三路，深五进，共有九十九道门，寓意“九九归一”和“长长久久”。其余建筑依欧阳仁山公祠朝两边伸展，左四巷，右三巷。巷道共五级地台，一级比一级高，被称为“步步高”布局；中间有一条花岗岩砌边、青砖铺底的排水渠，水依地势自然下流，长年不腐。巷道两侧民居，每排七间，每一间的两廊相通对望，前后相邻，七巷共四十九户，建筑形式被称作“守望相助”。

“罗”“洞”二字留下山地记忆

循着古道，依山傍水在从化开基的先民众多，留下不少含有“罗”和“洞”字的地名。“罗”和“洞”都是山谷、山野的意思。“洞”字在古文献中多作“峒”，早期“洞”“峒”通用，地名用字规范后，“洞”基本上替代了“峒”。

今日，从化江埔有上罗沙、下罗沙；鳌头有黄罗等；又有屈洞、三百洞、锦洞、鲤鱼洞、秋枫洞、下洞、石洞、罗洞庄、黄洞等 20 多个包含“洞”字的地名。

从化有一个三百洞村，村名来源有个典故。历史上，从化属古番禺管辖，由于山高路远少人问，在一些“无人管”地带，有人上山为寇，打家劫舍。三百洞位于九连山一山冚，山高路窄，只有一个出口，相传明代已有人在此开山种地。有一天，一男子在村外遇见一群陌生人，看上去来者不善。陌生人向他打听村里的情况，他急中生智说：“里面很大，有三百个洞，每个洞有三百多人。”陌生人听到后心里发虚，掉头走了。后来，人们便把这个村称为三百洞村。

1489 年，明朝政府为加强管理，专门从古番禺释出从化县，使其隶属广州府，取“远氓从此归化”之意，这便是“从化”一名的由来。

经过开疆拓野，从化人口渐繁，逐渐形成了许多具有广府文化特色的习俗，其中“掷彩门”就是深具从化特色的喜庆活动。粤语中“彩门”寓意“彩数”“好彩”，即好运、吉祥之兆。明清以来，在元宵前后，从化各村皆挷彩门，亲友乡邻争相观赏。这一风俗延续至今，人们常在彩门下放置各式烟花、爆竹，彩门一被点燃，瞬间火树银花，十分惊艳。

罗浮深山畲歌动听

罗浮山从东部嵌入广州，在增城境内有海拔逾千米的四方山。此外，鸡公山、阿婆记顶、大排顶、礁石岭等也是居民熟知的罗浮山的山峰。

广州唯一的少数民族聚居村——畲族村就藏身于增城正果镇的罗浮山下。如今进入畲族村，游人依然要通过一段弯弯曲曲的盘山公路，不过一路山清水秀，十分惬意。走进畲族村，内有畲族民俗馆、民族文化广场、畲寨沟等，让人能发现这里与普通村落的不同之处。

走进畲族民俗馆，人们能沉浸式体验畲族节庆、畲族歌舞等民俗。畲族虽然没有本民族的文字，但有自己的语言，游客可通过音筒聆听来自大山深处的美妙歌声。畲族还有自己的服饰、图腾、节日等。畲族村曾获“中国少数民族特色村寨”等荣誉称号。

约在明朝中叶，畲族村先祖从湖南迁至连州，后再南迁至增城，古村至今已有 600 多年历史。自明代迁入广州以来，畲族村村民一直珍藏着一幅珍贵的祖图，记载着畲族祖先——盘瓠王的故事。畲族人对祖先无比崇拜，祖图由最尊贵的长者保管，只在大年初一供族人瞻仰，不得外传。

畲谚有云:“畲山无园不种茶。”每到春天，村民就会身背竹篓，手持竹筛，穿梭于茶垄间，“掐嫩取鲜”采云雾茶。古时畲族人就已会采摘野生茶，用作待客、婚庆和节日的饮品。后来，村民开始种茶、采茶、制茶。与许多地区茶叶只采摘一季不同，畲族高山云雾茶四季可采。春茶、冬茶可制绿茶；夏茶可制红茶；秋茶可制白茶。茶成为村民致富的好帮手。

除了畲族人，罗浮山下的增城派潭、正果、荔城等地还生活着明末清初迁来的客家人。300 年来，每逢喜事、年节，当地客家人都要舞貔貅，角色有貔貅、大头佛（又称沙和尚）、猴子（又称孙猴子）等。客家貔貅舞的风格刚柔相济，富含杂技表演技巧。舞貔貅是客家人祈福驱邪、祈求吉祥喜庆的方式。

汉瑶共创盘古王诞

青云山入从化，有通天蜡烛山、五指山、桂峰山等3座海拔逾千米的山峰；进入花都后，青云山虽再无逾千米的山峰，但花都区的最高峰牙英山（海拔581.2米）以及王子山、高百丈、盘古王等山峰却是“山不在高，有仙则名”。汉族盘古崇拜与瑶族盘瓠崇拜在此融合，诞生了独一无二的非物质文化遗产——盘古王诞。

南朝梁任昉的《述异记》记载有“南海中盘古国”，其中心就在当今花都高百丈山下的盘古峒。

后来，“盘古国”消失在历史长河中，部分瑶族人与客家人一起生活，久而久之，生活习俗逐渐融合。在汉族神话中，盘古是开天辟地的自然神，在瑶族神话中，盘瓠为其祖先。两种文化在岭南交流，最终形成盘古与盘瓠异源同流的局面。

花都旧志记载，明末清初盘古信俗一度消亡。清嘉庆初年，当地文人邱毛松在狮岭炉山（今盘古王山）半山腰发现了一块盘古神碑，碑上刻着“初开天地盘古大王圣帝神位”。他于是在山腰建起一座“盘古神坛”供奉神碑，并将拾到神碑的日子（农历八月十二）定为盘古王诞日。盘古神坛渐渐闻名，形成“盘古王诞”民俗。

经专家考证，岭南唯有花都青云山一带有盘古王山、盘古峒，也有史料记载了盘古王神坛，并流传着“盘古王伏龙降狮”等传说。2009年1月，花都狮岭镇被授予“广东省盘古文化之乡”称号，是珠三角唯一一个以盘古文化命名的乡镇。如今，被纳入广东省非物质文化遗产代表性项目名录的盘古王诞办得相当隆重，展示出岭南文化的博大精深。

此间物产多丰饶

第三章·第三节

山清水秀盛产佳味

美丽山水孕育独特风物。广州 15 种地理标志产品中，有 11 种出自北部，包括增城迟菜心、增城丝苗米、增城乌榄、从化荔枝蜜等。

增城派潭、正果地处山麓南侧，昼夜温差大，偶有白霜，使得菜心甜美异常。冬至后到春节前，增城迟菜心是广州人必吃的美食之一。

夏季，从化良口杨梅、黄场村鸡心黄皮、吕田枇杷、溪头村三华李等“次第新”，惹人馋。九连山下的钱岗村因光照充足，昼夜温差大，加上土壤是“潮土”，产出的钱岗糯米糍荔枝果大皮红、肉厚核小、味甜无渣，被誉为“北回归线上的明珠”，使得老广纷纷寻味而来。钱岗糯米糍则开创了广州荔枝地理标志保护先河，增城荔枝、增城挂绿、增城糯米糍、增城桂味等也陆续成为地理标志产品。

秋季，增城白水山则有谷粒细长的丝苗米。白水山下的丹邱村是丝苗米发源地，一到秋天，万亩稻田一片金黄。

从化良口桂峰村的鸡心柿皮薄肉多、清甜多汁，被誉为“柿外桃源”。从化狮象村有著名的从化流溪娟鱼（学名为光倒刺鲃），味道鲜美，被人称为“鱼中贵族”。近年来，流溪娟鱼也成为地理标志产品，年销量达一万千克。

花都梯面镇红山村一带育有千亩原生态古茶园，堪称“广州瑰宝”，茶树有毛叶茶、梯面本地品种等两种，其中毛叶茶树非常珍稀。这里有不少树龄在百年以上的老茶树，被称为“老茶婆”。梯面镇出产的茶叶中，以出自王子山下的汶塘茶为特优，茶水金黄清澈，清香扑鼻，甘凉止渴。汶塘茶历来深受街坊喜欢，就连华侨也经常回乡高价收购，以解乡愁。

踏遍青山人未老

新中国成立后，广州北部山脉先后成立了流溪河、大岭山、增城、梳脑、帽峰山等林场。1956 年，在五指山、牛角山、鸡枕山等山峰周边，流溪河水库和发电厂开始兴建。流溪河水库建成后，人们登高望远，“远山时明灭”“高峡出平湖”的景象映入眼帘。陈毅元帅五游流溪河而不厌，赋诗赞曰：“评比岭南风物，景色此间多。”

后来，广州又建成了流溪河、石门、帽峰山、王子山等森林公园。流溪河国家森林公园冬日梅林飘香，有“流溪香雪”美景。岭南画派代表人物关山月从小喜爱梅花，对“流溪香雪”之景尤为喜爱。他说：“我最喜欢梅花香自苦寒来的性格，它激励我自强不息。”

石门国家森林公园是在大岭山林场的基础上建立的。大岭山林场一山谷中，两扇峭壁对峙如门，石门国家森林公园因而得名。冬天气温骤降时，公园内 3000 亩枫叶转红，层林尽染，素有“广州香山”之称。

绿美广州，全民共享。如今，广州已建有上百座山体公园，近六成分布在从化、增城和花都等北部地区。广州七成市民可在一小时车程内到达山体公园。在闲暇的周末，爬山、逛古村，是街坊日常生活的“小确幸”。

对千千万万广州人来说，北部山脉是大家共同的后花园，它让心灵得以休憩，给生命带来活力，它也以满山的青翠与宁静，启迪人们放下焦灼，安静下来，思考生命的意义，并全心拥抱生活里崭新的每一天。

^ 从化特色小镇良口米埗小镇（庄小龙摄）

^ 从化荔枝（杨耀烨摄）

^ 位于桂峰山山麓的流溪河源头（杨耀烨摄）

流溪河
源頭

第四章 羊城首秀白云山

文一卜松竹 苏赟 刘幸 全杰 杨欣

天造地设白云山，滋养互惠广州人。

白云山经历亿万年的地壳运动而成，而人与山的关系同样建立于漫长的时光里。它形成于约6000万年前，山势平缓，呈东北一西南走向。2200多年前，这里的人依山建城，云山既是屏障，亦是风景，更是生活，被誉为“广州人的老朋友”。

九连余脉 源追五岭

第四章·第一节

九连山南延终点

“云山珠水”是大家熟知的广州山水地形。古时广州城就建在山海间由广大丘陵、台地、平原交杂而成的区域内，南临珠江，北依白云山。著名历史地理学家曾昭璇将广州地形由北向南分为四区：白云山区、观音山丘陵、广州台地和珠江平原。在天河、海珠一带数百米的高楼建起之前，海拔 382 米的白云山碧云峰，也就是俗称的“摩星岭”，一直是全城的最高点。

白云山和著名的“五岭”有着密切关系。五岭是划分“岭南”“岭北”的自然分界线，白云山就是五岭之一大庾岭的一条支脉——九连山的余脉。

公元前 214 年，秦始皇平定岭南。秦军主将任嚣在白云山南面修筑“任嚣城”。这标志着广州城建和白云山人文历史的开端，而白云山一开始就是广州城的天然屏护。

白云山是一个起伏缓和的山块，山块大致为东北—西南走向。从高空俯瞰，白云山有点像一个“扁豆荚”，南北长 7000 多米，中部东西宽 4000 多米，共有 30 多个山峰。它的东南和西北坡是一条直线般的长条急坡，这是因为山坡是沿着广从断裂与广州—罗浮山断裂夹角地带的断裂线形成的。也就是说，白云山是断层上升形成的山块：两面下陷，山体上升。

约 6000 万年前高起成山

白云山的生成与隆起，历程十分壮观。广从断裂带与广州—罗浮山断裂构造带自古生代（距今约 5.7 亿 ~2.5 亿年前）以来出现过多次活动，构造运动和岩浆活动等对区域内的岩层扰动很大，原岩面目全非，也没能保留下来什么生物化石。经现代科学手段测定，白云山一带地层形成年代大约在“中泥盆统桂头群”时期，也就是距今近 4 亿年前。

这样看来，早在大约 4 亿年前，我们今天立足其上的“广州地区”的地层就已在漂移着的大陆板块的碰撞、挤压下，出现了自从化方向而来的不规则带状隆起。

真正意义上的“白云山”形成于约 6000 万年以前。当时广州的地形是白云山高起成山，侏罗浅海沉积被花岗岩侵入，部分砂岩变质成为坚硬不透水的石英岩层，成了留在花岗岩岩体内的“俘虏体”，它们构成了白云山崖壁的地形基础。同时，白云山两侧却是断裂陷落的低地，从今三元里到今老城区范围，再到今沙河一带，围绕着白云山的都是浅水湖盆或大河谷地，堆积着大量被称作“红色岩系”的坚硬石头是松碎的沙泥石砾在炎热气候下被氧化铁胶结起来形成的。古白云山经历了第三纪约 6000 万年的侵蚀，上面的古生代砂页岩才被蚀去，露出地下深处凝固的花岗岩。

到了第三纪（约 6500 万 ~250 万年前）中期，喜马拉雅山隆起，今日广州所在的区域也隆起，并发生断裂。这次造山运动使得白云山山体部分上升，两侧断陷。所以，今天白云山山顶是花岗岩，而两侧却还保存了下陷的砂页岩系。

第三纪末期，地壳继续上升，白云山两侧断陷低地上升成为陆地，岩石性质是红色岩系，这就是今天广州市所在的地基。花岗岩体的白云山构成山地，两侧断陷区保留的砂页岩地区也形成了一些高丘陵——观音山（越秀山）、象岗、瘦狗岭等。古盆地的红色岩系地区岩性软弱，成为低平的台地和和缓的丘陵，这也是广州城主体的所在。因此，广州的地势高低与岩石性质有关。

白云山是长期剥蚀的山地，故山顶也呈平缓起伏丘陵地形，这个山顶平缓面在海拔 350 米高度。同样的和缓丘陵地面还出现在海拔 200 米、80~100 米高度。所以，第四纪以来（即 258 万年前至今），白云山上升过 3 次。这些山顶平坦面当时是平原，后来因为地壳上升，这个平原也随之升高，成为一个平坦的山顶，高处蚀低、低处堆高，又形成了另一个平原，最终形成了山顶平缓的白云山。摩星岭由于有坚硬的石英岩形成顶峰，故山脊顶部高起几块巨石，成为白云山最高点，高度为 382 米。

所以，白云山 350 米高的山顶是在第三纪末期形成的，天南第一峰的山顶和缓面（海拔 200 米一级）在第四纪初形成，山脚的丘陵地顶面（海拔 100 米左右）在第四纪形成。

因白云蓊郁而得名

有关白云山的得名，《羊城古钞》云："每当秋霁，有白云蓊郁而起，半壁皆素，故名曰白云。"

那么，白云山为何有这么多云气呢？原因主要有二：一是白云山地势较高，从西北方向吹来的较冷的气流常被山体阻挡，而从东南方向吹来的温度、湿度相对较高的暖气流亦常被山体阻滞。两股气流相遇、相持、交融，由此生雾。二是白云山上林木繁茂，溪涧纵横，地下水源丰富，地表湿度较高，水蒸气较多，而山体复杂的地形又使得水汽不易迅速飘散，自然容易形成云雾。

白云山泉水多与花岗岩不透水有关，雨水只能沿山坡流下或浸透入风化层中，故坑、溪众多。白云山不少景点是以水命名的，如九龙泉、蒲涧、双溪、黄婆洞等。山泉以表层泉和节理泉为主。山上的硬石英砂岩露头地点几乎都是悬崖急坡，地下水常从中渗出，形成潺潺泉水，滴水岩等即这样形成。蒲涧泉的源头也是悬崖上的泉水下滴而成，这里的石英岩厚达120米，十分壮观。而一些地方的红色风化层被流水冲刷剥蚀，基岩出露，地面风化层下透的地下水也往往会在花岗岩的裂隙中流出成泉，成为溪涧之源。九龙泉和白云山顶一带的地下水，就是由此而来。表层泉只靠厚两三米的风化壳来储水，水量不大，难以成为大量涌泉，所以白云山中并没有多少瀑布存在。

^ 摩星岭（杨耀烨摄）

山城之恋　地久天长

第四章·第二节

在时间长河里，白云山与广州城的“亲密度”一直在提升。从城外之山到城郊之山，再到山在城中，自然变迁与人的开拓，尽在其中。

据史料记载，2200 多年前的“任嚣城”约在今中山四路和中山五路交界处至越华路西段的位置；稍后建造的赵佗城则向东南拓展至现今中山四路中段和文德路北段。此时的白云山显然远在建城区之外。从这两个最早的广州古城出发，沿路去往白云山的南端或西南端，大概要走上 9 公里。

三国至唐代的广州城向西拓展到现今中山五路中段和吉祥路南段，城东部和城东北部的疆界基本维持不变，广州城至白云山的路线距离变化也不大。宋元两代，广州城拓展为“东”“西”“中”三域，北界接近现东风中路，南界抵至现大德路、文明路一带，东界稍稍越过现德政北路和德政中路。以这一时期的广州城的东北部作为起始点，广州城至白云山的距离缩短了 500 米左右。

明清两代，广州城北端已扩至越秀山上的镇海楼，东北部推进至现小北路北园酒家及越秀北路一带，南部和东南部接近珠江边。广州城至白云山的距离变为 7.5 公里左右。民国时期也基本保持这个距离。

新中国成立后，广州城区全方位逐步扩大。现在，白云山成了一座地道的“城中山”。

从宋代至今千余年间，白云山先后8次被列入羊城八景，是广州城中获评次数最多的地点，被列入羊城八景的分别是蒲涧濂泉（宋、元）、景泰僧归（元）、白云晚望（元）、白云松涛（1963年）、云山锦绣（1986年）、云山叠翠（2002年、2011年）。

∧ 白云山（杨耀烨摄）

^ 南粤名山白云山（杨耀烨摄）

山护佑人　人拥抱山

第四章·第三节

历经了亿万年的地质演变，白云山终成“羊城第一秀”，白云飘绕，风光旖旎。不过，对广州人而言，云山和珠水不仅是这座千年古城的地理标志，更是城市文化的一部分，融入每一个人的日常生活。“得闲（有空）去爬山”和“得闲去饮茶”一样，都是广州人的口头禅。而广州人对白云山的感情并不仅限于此。白云山之于广州人，是早已植根于血液中的城市文化和历史。经过千年的文化熏陶，这座山蕴藏着这座城最深的韵味。这座山和这座城里每一个人的过去和现在，都有紧密的关联。

秦代留下白云山的传说

秦代初年，相传中原方士郑安期在白云山采药，寻得九节菖蒲，解救了广州百姓；宋代，苏轼提议“竹管引水”，将白云山的蒲涧山泉引入城中，广州人因此喝上了第一口“自来水”。宋元时期的羊城八景之一——蒲涧濂泉在白云山的滴水岩景区，相传此处就是九节菖蒲生长之地，留下了郑安期驾鹤而去、羽化登仙的美好传说；而当年东坡引水之源也在这里。

饮水当思源，一直以来，白云山的水滋润着这座城市，也在城区留下点点痕迹。广州古有西湖、菊湖、兰湖三大湖，白云山的蒲涧水途经三大湖，最终流入珠江，形成一个流动不息的水网。距离白云山山麓超过 5 公里的白云路于 1912 年建成，路北端曾被称为川龙口，有一条水道，正是沿白云山顺流而下之水的途经地。人们将这条路命名为“白云路”，正是希望通过这个地名，让路过之人记得这条水道的“根”——白云山。

^ 白云山濂泉（高鹤涛摄）

全城齐心　绿满云山

白云山和广州人之间的关系从不是一方一味给予、另一方一味索取。白云山滋养着这里的人，这里的人也守护着这座山。

抗日战争期间，白云山树木遭到破坏，满目疮痍，过往千年之景化为虚无。

新中国成立后，这座城市的人们用心守护着这座千年名山。数十年来，人们在白云山区域进行了水利建设、植树造林等一系列活动，对改善白云山的山水环境起到了重要作用。

20 世纪 50 年代，广州市立法规、垦荒山，组织干部群众植树造林，在白云山种下漫山遍野的花草树木。

1958 年以来，白云山上开辟了山顶公园，建亭台楼榭，建造了山庄旅社、双溪别墅、松涛别院等建筑，修建了黄婆洞水库、麓湖水库等水利工程，开发了广州碑林、云台花园等游览风景区。2011 年 1 月 21 日，白云山风景名胜区成为国家 AAAAA 级旅游景区，是广州市唯一同时拥有全国文明风景旅游区、国家 AAAAA 级旅游景区两项荣誉的景区。

如今的白云山成为动植物基因库，吸引了包括黑脸琵鹭在内的众多鸟类前来“安营扎寨”、繁衍生息。白云索道沿线，夹竹桃、黄槐、宫粉紫荆、黄花风铃木、黄蝉等开花乔灌木四季常开，分外艳丽。在麓湖鸿鹄山，5200 余株杜鹃花打造出纷繁绚烂的杜鹃大观园；鸣春谷可憩大草坪边缘等区域种植了逾千棵映山红和毛杜鹃；摩星岭苏家山、五所平台及摩云路口至龙虎岗种植毛杜鹃近万株，面积达 7000 平方米，形成了一大片花海。

广州人一向务实，并不过分看重名声，但这座城与这座山的感情却是在千年岁月的起与伏中一点点变得深厚。从羊城第一秀、名士毕至，到战争受创、荒山野岭，再到全城齐心、绿满云山……当经历了这些后，这座山就不再仅是一处雅致的景点，它有着鲜活的生命力，是广州人的老朋友。

^ 白云山花海（广州市白云山风景名胜区管理局供图）

人与山　长相守

第四章·第四节

云山诗意与人间烟火

每一座山都有自己的“性格”。广州人喜欢白云山这位“老朋友”，不少广州人以能在住处看见白云山为傲。这种情感不仅源于千年历史和旖旎风光，更重要的来源是只有在白云山才能感受到的独特气质——上有云山诗意，下有人间烟火。作为风水宝地，这里自古便是文人志士向往之地。晋代，葛洪曾在此施医赠药；南梁时，景泰禅师来此建寺，白云山从此有了暮鼓晨钟；唐宋以来，杜甫的祖父杜审言以及苏轼、崔与之等文人雅士先后登山吟诗，留下墨宝。其中，描绘旧羊城八景之一——蒲涧濂泉的“千章古木临无地，百尺飞涛泻漏天”之名句，正是出自苏轼之手。

吸引历代文人骚客登临白云山的不只是“景泰僧归”与“蒲涧濂泉”。仅明清时期，白云山保存或建立的寺庙就有白云寺、双溪寺、能仁寺、弥勒寺、濂泉寺、上景泰寺、下景泰寺、五龙谷庙、云岩寺等，亦有九龙泉、甘露泉、虎跑泉、玉虹池、“天南第一峰”石牌坊、明珠楼等名胜古迹。湛若水、陈子壮、张维屏等学者、诗人还在此建房读书、举办书院或结社吟诗，主要有白云山房、云淙别业、泰泉书院、白云书院等，可谓人文蔚起。

白云山上有很多赫赫有名的历史建筑。由中国工程院院士莫伯治主持设计、位于摩星岭东南侧山谷的山庄旅舍建成于1962年，被誉为岭南建筑的经典之作。山庄旅舍占地不到2000平方米，布局应地势起伏，浓荫蔽天，架屋蜿蜒于木末，围墙隐约于萝间，而窗含山色、曲径回廊、泉流穿屋，园林与山水，相得益彰。

白云山既有得天独厚的自然风光，更有沉淀已久的文化底蕴，是令人向往的文旅胜地。

每年超 2000 万人次登山

充满了诗意与雅趣的白云山，同时充盈着人间烟火气。农历七月廿五是白云山特有的民俗节诞——郑仙诞。这个民俗节诞至今已有上千年历史，享有“广州第一诞”的美誉，2017 年被评为广州市非物质文化遗产。千百年来，广州人口口相传：在这天上白云山采菖蒲、沐灵泉，可保身体健康。于是，每一年的这一天，人们都以登山为乐。

其实，对广州人来说，不仅于郑仙诞与重阳节可登高，一年四季都可登山。数据显示，白云山日均客流量达 2 万 ~ 3 万人次，每年客流量超过 2000 万人次。与这座城市的人情味相似，上可接云山诗意的白云山，亦能容纳人间烟火百态——这恰恰是广州人钟情于这座山的理由。白云山高低错落，树木花草丰盛，白云山的路不远、山不险，一切都恰到好处，因此每天都有人来这里爬山喝茶、一路观花、相约聚会。白云山不仅仅是地理意义上的山，更是融入了广州人精神的山，彰显了一种属于广州人的生活态度。

生活在山水城市，无论是在古代，还是现代，都让人们心向往之。对很多街坊来说，赏云山美景，会亲友，学太极、舞蹈、歌唱，好不自在；活动后共品白云猪手、山水豆腐花、沙河粉，更是一件幸福的事。

除了会亲友、叹美食的人，如今坡度适宜的白云山上又多了很多“跑山迷”。晨曦初现，花草树木葱郁，野生动物悄悄掠过，这些都是一座城市以及大自然给予生活最好的馈赠。

^ 白云山美景（广州市白云山风景名胜区管理局供图）

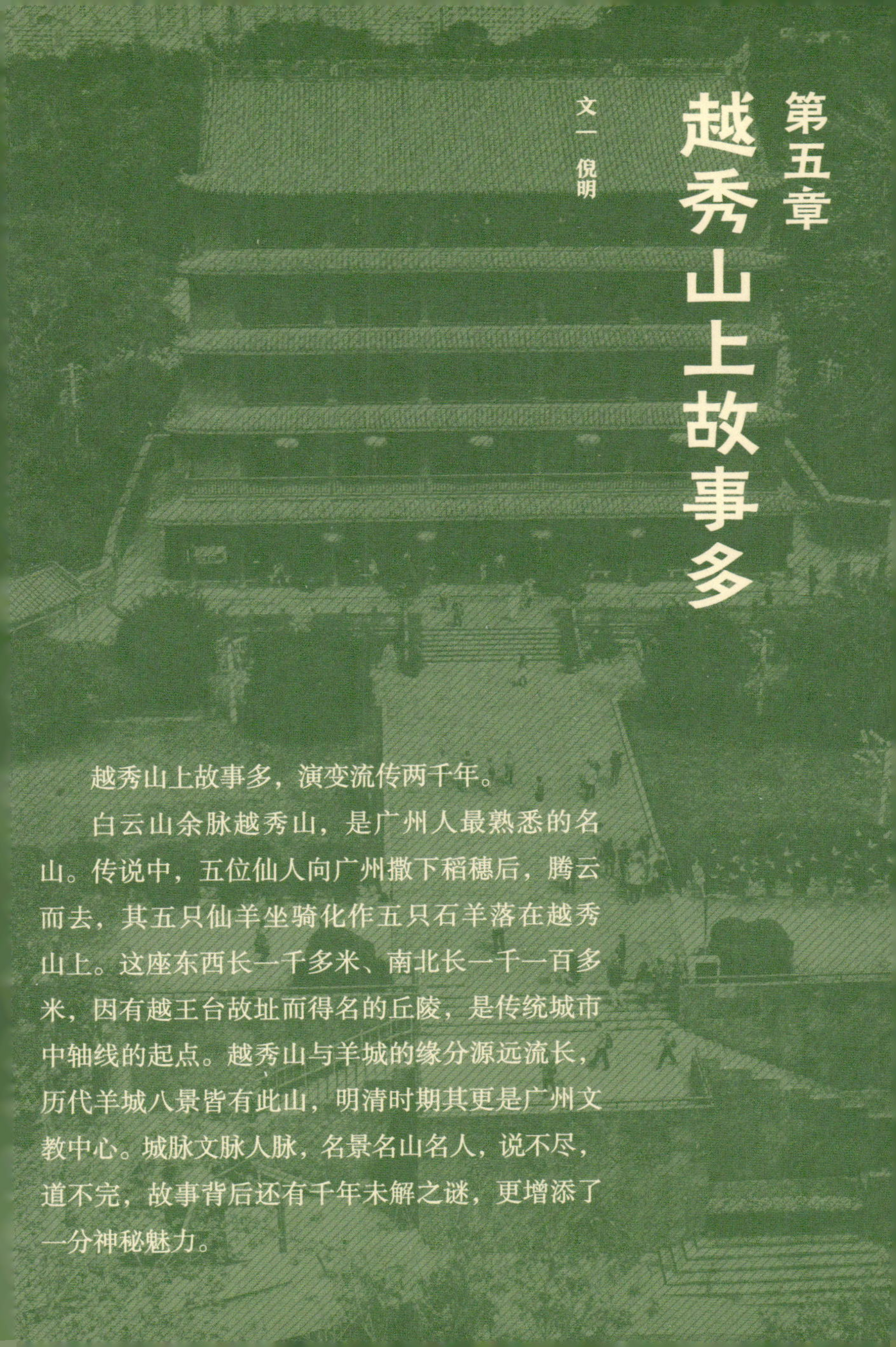

第五章

越秀山上故事多

文一倪明

越秀山上故事多，演变流传两千年。

白云山余脉越秀山，是广州人最熟悉的名山。传说中，五位仙人向广州撒下稻穗后，腾云而去，其五只仙羊坐骑化作五只石羊落在越秀山上。这座东西长一千多米、南北长一千一百多米，因有越王台故址而得名的丘陵，是传统城市中轴线的起点。越秀山与羊城的缘分源远流长，历代羊城八景皆有此山，明清时期其更是广州文教中心。城脉文脉人脉，名景名山名人，说不尽，道不完，故事背后还有千年未解之谜，更增添了一分神秘魅力。

白云山余脉越秀山

第五章·第一节

广州北倚连绵起伏的五岭余脉九连山，南临烟波浩渺的伶仃洋；白云山和越秀山像两条巨大的苍龙，盘旋在珠江之畔，形成“飞龙吸水”之势。“五岭北来峰在地，九州南尽水浮天”，广州依山建城的历史就在这片山环水抱的福地展开。

越秀山是白云山余脉最末的丘陵。古广州的地形从北向南，可分为白云山山地、越秀山丘陵、台地和珠江平原四种。越秀山的走向和白云山一致，也呈东北—西南走向。丘陵因受沟谷分割深切，所以山坡陡峭，形成天然护城屏障，使广州北面不必开凿护城濠池。

古人称越秀山为省会主山，视之为“南武之镇山”。越秀山主要有 7 座石英砂岩的小山冈，即越井冈、桂花冈、木壳冈、长腰冈、上山冈、蟠龙冈和鲤鱼冈，最高峰是镇海楼东北方的蟠龙冈（今四方炮台遗址所在山冈），高 70 多米。

越秀山古时北接白云山，南连禺山、番山，再往南下沉于海（珠江）。两千年前，汹涌的波涛可直抵越秀山南麓。沧海桑田，随着珠江滩涂淤涨成陆并向南推移，原“下沉于海”的山势逐渐改变。到了现代，原岗陵地遍起楼宇，山势渐失，以至古时的山脉走势不复得见。

打开今天的广州地图，越秀公园被四条马路包围，西为解放北路，北为环市中路，东为小北路，南为应元路，这也是今人印象中的越秀山范围。但古代越秀山没有明确界限，范围也比现在大得多，大致西至今流花湖公园、东风路与人民路相交处的西山高岗一带，东至东濠及其东侧一带岗丘，南至今东风路，北至今环市中路。古人还将今东风路以南和中山四路、中山五路以北地域及城隍庙一带视为越秀山麓。

^ 木棉花开越秀山（杨耀烨摄）

越王歌舞春风处

第五章 · 第二节

越秀山以南越王赵佗曾在山上建“越王台”而得名，其从古至今多次被列入羊城八景。从明城墙到镇海楼，从五羊石像到中山纪念碑，行走在越秀山，就是在欣赏广州这座历史名城的文化。

南越南汉王室后花园

如今，越秀山每年有近千万的客流量。说起来，这座备受人们青睐的名山，至少已有两千年历史。秦汉时期，从“任嚣城”或“赵佗城”出发，去越秀山主峰只要走 1.5 公里。南越王赵佗特别钟爱越秀山，曾在此款待汉朝使者陆贾，并在山上建“朝汉台”，以表其臣服汉朝之心。每年三月初三，赵佗都要带着群臣到越秀山登高游玩，随行宫女跳起越族歌舞。越王台上，歌舞宴饮，盛极一时，故而又名“歌舞冈”。正是由于越王台的缘故，越秀山最早又名“越王山”“越台山”。

到了唐代，曾经热闹非凡的越王台仅留残基。著名诗人韩愈有“乐奏武王台”之句，张九龄面对荒凉的越王台，吟出“人非汉使橐，郡是越王台。去去虽殊事，山川长在哉”的诗句，发思古之幽情。

五代十国时期，南汉宫廷再次将越秀山用作君臣游宴之地，开国皇帝刘䶮下令铺设一条磴道，从山脚通向越王台，名曰“呼銮”，道路两旁栽种菊花、芙蓉。他常在此与群臣饮宴作乐，越王台因此又被呼作“游台”。宋元年间，越王台屡筑屡毁。诗人杨万里寻访越王台，留下“越王歌舞春风处，今日春风独自来”的佳句。清代道光年间，诗人张维屏在《九日粤秀山登高》中写道：“朝台安在哉，歌舞亦消歇。”

千百年来，诗人留下的吟咏带给考古学家很大的遐想空间。那么，越王台的具体位置在哪儿呢？这一问题至今尚无定论，不过，多数学者认为，它在越秀山主峰越井冈上。

南越国君生前在越秀山游乐，死后也埋在此处。1983 年 6 月 9 日，当时的广州文管会考古队队长黄淼章接到电话，对方称象岗工地发现了一处地下建筑，可能是古墓。黄淼章没有料到，自己竟成了进入千年古墓探秘的“第一人”。出土文物证明，陵墓主人是赵佗之孙赵眜。

赵眜之墓的发现，让专家进一步推测，藏有更多奇珍异宝的赵佗陵墓极有可能藏在越井冈深处。然而，据史载，赵佗是岭南第一个用“障眼法”来修筑自己陵墓的人，出殡时马车分别从四个城门驶出。他生前摆下的迷魂阵，令他的陵墓地址成了千古之谜。这就更给这座名山增添了一层神秘色彩。

宋代首次入选“羊城八景”

越秀山上名胜古迹和自然景观甚多，以闹中取静而闻名。到广州不登越秀山，如同到杭州不游西湖，是一件憾事。如果要读懂羊城的前世今生，就非登越秀山寻访不可。

越秀公园东南麓东秀湖畔的观荷亭，造型别致，红色瓦顶在绿树丛中格外醒目；湖边种着蒲葵，小鸟啾啾，鲜花绽放。

街坊们或许不知，东秀湖往南的一大片区域就是古时菊湖之所在。宋代首次评选羊城八景，风景秀美的“菊湖云影”成为八景之一。宋亡以后，元军把水库放干，“菊湖云影”消失不存。

历代羊城八景中，与越秀山相关的景观入选次数最多。元代“粤台秋月”，明代“粤秀松涛”“象山樵歌”，清代“粤秀连峰”“镇海层楼”以及当代的“越秀远眺”“越秀层楼”“越秀新晖”“越秀风华”，无不吸引着人们登临题咏、雅聚怀古。明清以降，身在羊城的文化名人大多留下登山诗作。朱彝尊、阮元、张之洞、朱次琦乃至近代的廖仲恺、黄节、叶恭绰等，都对越秀山念兹在兹。

1881 年，24 岁的康有为登上越秀山，写下“沧海有时经烬劫，布衣何处不王侯”之句，抒发雄心。晚清著名诗人丘逢甲亦多有诗作吟咏此山：他在 1896 年写下“绝岛风尘狮海暮，大江云树虎门秋”之句；20 世纪初，他往来广州与潮州、梅州等地办学之际，作 24 首七律，成为历代描写吟咏越秀山镇海楼最长的一组诗。

越秀山还深深吸引了当代文豪鲁迅。1927 年，他同许广平登越秀山，一时兴起，从高处跃下，不料伤了腿，只能坐车回家。

^ 五羊石像（杨耀烨摄）

明代越秀山入城

第五章·第三节

岭南第一胜概镇海楼

走进越秀公园西门，可以看见一段残存的明代城墙。这是广州现存最古老的城墙，青砖布满绿苔，榕树在墙上盘根错节。抬眼一看，绛红色的镇海楼巍然屹立。

明代以前，越秀山一直在广州城外，没有真正被开发，直到明代才面貌大变。1380 年，永嘉侯朱亮祖扩建广州城，将宋三城合并，并开拓北城 800 余丈，将越秀山南部包入城内。楼阁、书院、宗祠、庙宇相继在此修筑，民宅建上山麓，逐渐形成街巷。城墙横跨越秀山，上面建有一座五层高楼以壮观瞻。初名“望海楼”，后又改名为“镇海楼”，有“雄镇海疆”之意。在地势本就北高南低的广州城，镇海楼矗立于城北最高的越秀山上，嵌于城墙之间，确有“岭南第一胜概”的气象。明清年间，广州海贸繁盛，镇海楼作为广州城标出现在各种外销画上。

镇海楼高五层，被本地人亲切地呼作“五层楼”。“楼成塔状，塔似楼形”，特殊设计使镇海楼十分稳固，故能立于复杂倾斜的山地之上。镇海楼数百年来五毁五建，形制保持不变。“争城者必争山”。数百年来，镇海楼多次经历战火。中法战争时期，前来督师抗法的兵部尚书彭玉麟撰写对联：“万千劫危楼尚存问谁摘斗摩霄目空今古；五百年故侯安在使我倚阑看剑泪洒英雄。”今日，镇海楼第五层仍高悬着此联的两个版本。

镇海楼还为文学家所青睐。明末清初“岭南三家”之一的陈恭尹，59 岁时（1689 年）登临刚重修过的镇海楼，写下了著名的《镇海楼赋》。如今，这篇长赋藏于广州博物馆，被誉为“粤中巨迹”。“岭南三家”之另两位——屈大均、梁佩兰，亦曾多次出现在镇海楼的诗文唱和当中。

1929年，广州市立博物院（广州博物馆前身）选址镇海楼。这是广州第一个博物馆，也是中国早期建立的博物馆之一。当时的名人彭炳均、林崇志等纷纷向博物院赠送藏品。如今，馆内藏品已达四万余件，涵盖本地从新石器时代至近现代的珍贵文物史料。

明清书院云集成文教中心

南宋以后，中国文化的重心开始向长江以南转移。到了元末明初，珠江流域文风渐盛。当时，广东不仅诞生了一批像陈献章、湛若水这样的学问大家，民间书院也呈井喷之势。明代，曾经的番山、禺山一带已成闹市，越秀山既在城内，又有林木之胜，成为时人开办书院的首选之地，始建于宋代的濂溪书院也从药洲迁到了越秀山。明代正德、嘉靖年间，仅越秀山南麓城墙以内就聚集了迂岗、泰泉、清泉、镇海、慎德、白山、明道、崇正等多间书院。

如果我们回到明代，沿山路拾级而上，可以在茂林修竹之中隐隐看见亭台楼阁，这便是三代书香之家——岭南黄氏开办的粤洲书院。明清年间，岭南黄氏人才辈出，尤以经学、史学、乐律无所不通的大学者黄佐为翘首。当年，不少士子到此求学，越秀山麓书声琅琅。今天的北园酒家所在地，就是当时粤洲书院的一部分。

明初，广东贡院设在光孝寺，至宣德元年（1426 年）迁到城内小北门附近，在今小北路北段的大石街、小石街、洪桥街一带。因为古代学校称为“黉校”“黉学”，桥南的街随之称为黉桥街。后来，因“黉”字难写难认，“黉桥街”便改成了“洪桥街”，一直沿用至今。当时，因靠近贡院，书院纷纷向越秀山聚拢。

明嘉靖十九年（1540 年），75 岁的湛若水回到家乡广州，在今法政路一带修建“湛家园”，并在府第南边建造一座书院，取名“天关精舍”。作为心学集大成者、教育家的湛若水地位超拔，讲学时，他往生徒们面前一站，大家都被他雍雅的仪容与谈吐镇住了。

湛若水身故后，天关精舍仍被岭南士大夫视为精神家园，庞嵩、黄莱轩等广州名士仍不时聚于天关精舍。他们把在湛若水的“鳣座”前交流学问视作一种精神的洗礼。

清代，学海堂、菊坡精舍和应元书院相继落户越秀山南麓（今广州市二中范围内），三大学府毗邻相连，一时间越秀山书香缭绕，文人墨客云集，成为当时广东省文化教育事业的中心。清代后期许多著名的文人学者、教育家、革命家、政治家都与三大书院有直接或间接关系，其中有我们耳熟能详的陈澧、邹伯奇、梁启超、梁鼎芬、廖廷相、文廷式等大家。他们引领时代的教育改革，为国家向现代转型培养了大量人才。

^ 镇海楼（杨耀烨摄）

^ 古城墙榕树（吴子良摄）

从一座山读懂一座城

第五章·第四节

在岁月长河中，越秀山守护着羊城烟火。古时，广州人春日登高览胜，重阳带上菊花糕去越秀山放纸鸢；今日，新年去越秀公园赏花观灯，平日看展踢球，更是市民的乐事。人们与山为邻，与山共融，一座山，成了生活里最长情的陪伴。

历来都是登高热门地

越秀山是历代广州人登高览胜之地，三月三上巳节、九月九重阳节游人尤盛。

据史载，南越王赵佗携臣子在越秀山上登高“修禊”（古时于春秋两季在水边举行的祭礼，后来逐渐定于农历三月三日举行，骚人墨客在这一天聚会唱酬），这是有关越秀山民俗的最早记载。此后历朝历代，越秀山都是登高热门之地。

美国人约翰·斯塔德在《1897年的中国》中记载：“清末的广州……穿过城门，顺城墙前行不远，便可见到一座高大的瞭望台，这就是人们熟知的五层塔楼。这座建筑已多年失修，零星散落着斑驳的红色。来广州的游客都喜欢到楼上来休憩和登高望远。站在五层塔楼的顶上，可以眺望整个广州城。”

如今，越王台早已不见踪影，王侯将相也化成历史烟云。然而百姓登山游赏的习俗却传承了下来。

1921 年，孙中山倡议将越秀山辟为公园。1925 年底，举行公园开放典礼，这便是越秀公园的前身。当时，公园范围仅限于镇海楼、百步梯一隅，仅及今日越秀公园面积的六分之一。

20 世纪 30 年代，为纪念孙中山先生，人们在越秀山南麓建了中山纪念堂，在山顶建了雄伟庄严的中山纪念碑，还竖立了孙中山读书治事处纪念碑。中山纪念碑成为民国时期广州城区中轴线的北起点。

体育记忆塑造城市性格

新中国成立后，越秀公园陆续扩建，开挖了北秀、东秀、南秀三个人工湖，成为广州市区最大的综合性公园。1950 年，时任广州市市长叶剑英元帅号召青年用双手把曾经的泥地足球场（旧称广州市公共运动场，面积比现在小得多）建设成越秀山体育场，广州的体育事业翻开新的篇章。

在老广球迷的心目中，越秀山体育场有着独一无二的地位。二十世纪七八十年代，“上山睇波（看球）”是一种近乎虔诚的情感。每逢比赛，场内外都挤满了人。为了能买到一张票，上千人通宵达旦在场外售票处排队，买不到票的就想方设法爬到四周大树上“远眺”。有位球迷至今保留着一件背后印着“越秀山当自强誓传承再铿锵”的球衣，“儿子出生时，我特意带了它去医院接生”。每有进球时刻，球场就像一个共鸣箱，几万球迷发出的呐喊声与喝彩声犹如雷鸣，格外雄壮。中国足坛上著名的南粤球星杨霏荪、容志行、古广明、赵达裕、彭伟国、胡志军……都是在越秀山体育场上奋力拼搏、百战成名的。

除了体育场，公园内的越秀游泳场也被誉为“冠军的摇篮”：1956年，戚烈云在这里创造了男子100米蛙泳世界纪录，他也是中国第一个游泳世界纪录的创造者；中国第一位跳水世界冠军陈肖霞、广州第一位奥运跳水冠军杨景辉、游泳名将甄迎娟、水球名将陈伟汉等都从越秀游泳场走向世界。游泳场也给一代代广州街坊留下了美好的夏日回忆。70多岁的市民黄姨一直记得20世纪60年代在此拍摄的一部电影——《女跳水队员》。这部电影风靡全国，许多青少年因此慕名前来报名参加跳水培训班。“来到越秀山泳场，年轻人就变得好大胆，争先恐后证明自己。望着山顶建筑黄瓦很气派，泳池碧波荡漾心情很舒畅，勇气来了，奋力一跳，是那时候最快乐的事！”

就这样，越秀山留给一代又一代广州人珍贵的体育记忆。球场、泳场里勇敢无畏的精神，也深深镌刻在广州的城市性格里。

赏花观灯　看展读书

早在唐代，越秀山麓就已遍植木棉，灿若云霞。诗人李商隐在《李卫公》中写下“今日致身歌舞地，木棉花暖鹧鸪飞”，以想象之笔勾勒出宰相李德裕于越秀山畔赏木棉、观鹧鸪的风雅场景，足见彼时木棉已为胜景。至清代，越秀山麓木棉更趋繁盛，著名书院学海堂择址于此，正是看中其“古木荫翳，绿榕红棉，交柯接叶”的清幽之境。咸丰七年（1857 年），学海堂在第二次鸦片战争中惨遭毁损，战后修复重开之际，正值春日木棉如火如荼，学长陈澧倡议以“木棉”为题举行业雅集，众学者即席赋诗，成就了岭南文化史上一段 “红棉映诗卷” 的佳话。时至民国，越秀山木棉依然是羊城胜景，岭南画派名家陈树人在《碧嶂红棉》中写道“揽辔越王台上望，鹧鸪声里木棉红”，于怀古幽思中勾勒出红棉映碧嶂的苍润意境；高奇峰更在《题画红棉》中以“万紫千红空烂漫，孤标毕竟胜凡株”题句，借木棉孤高之姿，寄托文人不媚流俗的精神品格。时光流转，今越秀山百步梯一带仍留存 9 棵古木棉，分别在孙中山读书治事处、佛山牌坊、中山纪念碑等处。这些树龄超 120 年的 “活文物”，见证着羊城的岁月变迁。直到今天，越秀山依然是赏花打卡的热门地点。

每年春节将至，羊城处处花团锦簇。越秀公园、东山湖公园、东风公园、越秀儿童公园均有迎春花会。广州从 1953 年起举办“迎春花会”，越秀公园是历年迎春花会的举办地，每年从除夕开始，与传统花市接续，成为广州人欢度春节的民间盛会。自 2012 年起，越秀灯会成为“广州市迎春花市”的品牌活动。夜幕降临时分，越秀山张灯结彩，璀璨彩灯与立体花坛展示相结合，把青山绿水点缀得色泽艳丽、五彩斑斓。白天赏花、夜晚观灯，成为大部分广州家庭过年的必备节目。

越秀公园还常举办各种展览，从 1956 年延续至今的菊花展，每年 11 月中旬都会吸引不少人前来观赏。从 1994 年至 2010 年（2002 年停办），第 1~16 届广州园林博览会主会场均设于此。

走进越秀公园，三三两两的人群，喂鱼的、闲谈的、漫步的、打太极的……欧阳山笔下的岭南市井生活图卷缓缓展开。东秀湖畔，一栋气质典雅的乳白色二层建筑掩映于繁茂的大榕树中，和周围厚重的明城墙相映成趣。放学的孩子背着书包、牵着妈妈，好奇地向店里张望；窗边静静读书的女孩，好像一幅拉斐尔的油画；书香、花香、茶香与咖啡香四溢，文艺氛围吸引了诸多市民前来拍照打卡。这便是坐落于越秀公园的“花城书房 · 陌上花开”。

2023 年初，花城文学院落户“陌上花开”文化空间，人们在此感受文学穿越时空的力量。热爱广州的理由，如今又多了一个——在越秀公园，能感受文学与日常的碰撞。在许多新媒体平台都能见到市民来此打卡的留言：看完书，在越秀公园走一走，看到鲜活人生的现实世界；走进花城文学院，在平凡无奇的生活里发现美；趁周末，来一趟，书里永远有宝藏……人们与书香、花香相伴，在这个曾经书院星罗棋布之地赓续文脉。

“越秀山，你是一座历史的山，也是一座文化的山。当我面对你时，我常常感到历史文化名城广州的凝重和文化的深厚。”考古学家黄淼章如此感慨。

越秀山之于广州的意义，远不只是物理空间上的存在，更是一种精神的象征、一种基因的内植，山与城相互赋能，共生共荣。

站在镇海楼前举目远眺，远望珠江蜿蜒如练，羊城锦绣，尽收眼底。而越秀山这部卷帙浩繁的历史巨著，等你来翻阅解读。

^ 越秀公园陌上花开阅读空间（庄小龙摄）

∧ 越秀山与广州城相依相偎两千多年（廖雪明摄）

南越国

越秀山最早的名称是越王山、越台山。
后来，越王山又简称为王山，并被写成玉山。

两晋

被称为越井冈（越井岗），简称越冈（越岗），
后又称天井冈（天井岗）。

唐代

可能被称为番山、尧山、北山、羊山等，
但都没有流传，后遂消亡。

宋代

粤秀山（越秀山）名大约出现于宋代，
只见于一首宋诗，没有流行开来。

明代

明永乐年初，因山上建观音阁，始名观音山。
此后，越秀山之名日渐流行。

清代、民国时期

越秀山、粤秀山、观音山三个山名盛行。

新中国成立后

被扩建为广州最大的综合性公园，用越秀山、越秀公园名，粤秀山、观音山之名渐废。

第六章 营城之源莲花山

文一 刘幸

一朵莲花守望珠江福地，蓬勃祥和地矗立于狮子洋畔。

沧海桑田，珠江三角洲孕育了诸多名山。今番禺区东部的莲花山，位于珠江口狮子洋西侧，是闻名遐迩的一方俊秀。此地的狮子石、古采石场、莲花塔、莲花城、莲花节等名扬天下，人文历史绵延约两千年，记录着广州人挥洒智慧和汗水建设家乡的历程，见证了“海上丝绸之路”的梦想与荣光，留下了一串串脍炙人口的故事。

采石无意巧夺天工

第六章·第一节

古人一凿一钎留下人工丹霞

春季的广州，每当微风轻拂、阳光铺洒在番禺大地时，莲花山古采石场遗址中，总有游人不负春光，争相一睹悬崖峭壁、奇岩异洞的人工丹霞美景。燕子岩、八仙岩、莲花岩、飞鹰崖、南天门等，外表呈红色，上有钎钎凿痕，是千百年来采石工匠在无意间缔造的奇观，可谓“人工无意夺天工”，至今峭壁上依然留有古时先民已开采但未运走的石料。

古采石场遗址的诸多巨石中，唯有“狮子石”是大自然鬼斧神工的作品。狮子石是一座高逾 13 米、长 10 米，外观酷似一头威武雄狮的红色砂岩。红色木棉花下，雄狮卧坐，扼守珠江。珠江入海口这一段自古名曰狮子洋，正因狮子石而得名。狮子石东侧有古海蚀崖，是远古海水拍打陆地的痕迹。游人临石远望，狮子洋风光旖旎，轮船点点，恍然间，那海浪滔天的远古时代仿佛近在眼前。

“古海遗岸”高七十多米

先秦时期，今日的珠江三角洲还是一个大海湾，岛屿星罗棋布。地处广州东南一隅的莲花山正是大海湾中的一座小岛，“四周皆海，屹峙中流”，成为广州通往海洋的门户。

珠江水流淌了亿万年，莲花山渐成一方俊秀，海拔达 108

米。其中既有大陆地壳抬升隆起、海水退却的功劳，亦有西、北、东三江汇聚珠江，挟带泥沙冲积成陆地的助力。广州市地质调查院的退休教授级高级工程师刘金山曾调查发现，莲花山竟有四级古海蚀崖地貌，且伸入大陆，距海50公里。

四级古海蚀崖中，最高的是一级海蚀崖，在“古海遗岸”处，海拔达70多米，在维尔姆冰期末，即1.1万年前形成，古海水拍打着如今约26层楼高的“古海遗岸”处。二级海蚀崖在“飞鹰崖”处，海拔为52米，于9000年前形成；三级海蚀崖为“狮子石”处，海拔26.82米，于7000年前形成；四级海蚀崖在“丹崖赤壁”处，海拔2.1米，于2000年前形成。

莲花山四级海蚀崖非常珍贵。刘金山认为其系统性和完美性以及高海拔、远离海洋的特点在全国乃至全球都是独一无二的。难怪当秦统一岭南，先民开发南越时，第一眼就看上了这块宝地。

南越国宫署石材取自莲花山

秦末汉初，赵佗建南越国，定都番禺城（今越秀区）后，派人寻找材料建造宫殿。先民发现莲花山有连绵上千米的红色砂岩，质地坚硬、均匀，密度高，色泽鲜艳，是建造宫殿的最佳选材，于是驾船来到莲花山采石，然后经海道，将石材运回番禺城，用于建造南越国宫署（位于今越秀区中山四路）。1983

年，第二代南越王赵眜之墓在广州象岗山被发现。经中国科学院专家鉴定，赵眜之墓建筑石料中的岩石，主要产地为莲花山。

以南越国宫署和南越王墓为起点，广州人拉开了长达两千年的开辟人工丹霞的序幕，其中大规模开采主要在宋明时期，开采出的石料用于珠三角多地官衙、城墙和村落中的祠堂、庙宇、民居等建筑物中，莲花山因而有“营城之源”之美誉。

南海神庙古码头、琶洲塔、赤岗塔和光塔的塔基，越秀山上镇海楼、明城墙墙基及石狮，西门口明代古城遗址城关，北京路千年古道，明代芳村石围塘的通福桥及虎门炮台坑道，清代番禺的龙津桥等许多古建筑都是用红色砂岩作建筑石料。专家判断，这些古建筑石料很可能来自莲花山。

古代工匠如何开采石料？刘金山认为，古采石场的采矿方法以露天开采法与地下矿房式开采法相结合，工具是铁锤、铁钎、铁凿，附加绳索和木架，代表了当时最先进的采矿技术。露天开采法是先开一个约 60 平方米的天坑，揭去上部风化层后，再开采下部新鲜岩层，每一层又分若干条幅分凿，每条幅宽 50 厘米，厚 70 厘米。

若上部风化破裂的岩层较厚，为减少剥离量，古人会采用地下矿房式开采。矿房间留有规则的矿柱，以支撑采空区。开采工作台面非常平直、工整。凿路有章，图案典雅，或呈现“人”字形凿痕，或呈现单斜叠瓦式凿痕，均排列有序，规律不乱，整齐美观。

莲花山石料如何运到广州城或珠三角各地呢？莲花山坐落在狮子洋畔，距离南海神庙古码头只有 10 多公里水路，距离广州城也只有二三十公里，古代石匠开采石料后，将石材搬上船，从原来山脚下的古码头（今已不存）出发，通过水路运输。

曾经，莲花山周边聚集了一批专门运石的“快递小哥”。清道光年间，番禺化龙镇草堂、明经，石楼镇茭塘等村的村民皆曾从事石船营运。草堂村口曾有宽阔的涌滘，北通四沙口入珠江，南连七沙口下狮子洋，与莲花山遥遥相望，成为专门从事石材运输的船只的集散码头。村民为了方便，在码头南面兴建了一座行业会馆“石船会馆”，如今草堂村仍保留着“石船会馆”的石匾。

莲花山古采石场在清代停采，一个重要原因是建筑材料的更替。清代开采花岗岩的技术日益成熟，与红色砂岩相比，花岗岩更坚硬、更不易被风化。因此，花岗岩逐渐替代红色砂岩，莲花山古采石场完成了它的历史使命，留下凿痕累累的陡壁峭崖，供后人参观。

今日，漫步于莲花山，依然能见到像被刀削过似的成片巨崖，这正是当年先民手工开凿的痕迹。莲花山古采石场遗址从南部的莲花岩起，折而向北延伸，偏东至渔港地基，形成了一条南北长约 1500 米、东西宽 50~200 米、开采深度 30~40 米的采石带，开采面积达 33 万平方米，定格下莲花山与广州人两相依长相守的情缘。

^ 狮子石（陈忧子摄）

^ 人工丹霞（广州市番禺莲花山旅游区供图）

狮子洋畔人文兴盛

第六章·第二节

莲花山因“莲花岩”得名

在绵延约两千年的历史上，莲花山曾有过多个名字。最初，它因“石蚧”附生，名曰“石砺（蚧）山”；又因“狮子石”被称为狮子山；后又因“莲花石”，得名“莲花山”，这也是大家最熟悉的山名。

关于“莲花山”一名的出现，存在多种说法。旧有谶云“鹿步一都无进士，除非石砺见莲花”一说，说的是鹿步司（明末清初，番禺共分四个司治，禺东为鹿步司，即今越秀、天河和黄埔南部等地）的士子多年来都考不中科举，大家颇为郁闷。一位高人指引村民：“鹿步一司能进士，除非石砺见莲花。”然而，石砺山上石头坚硬，长出莲花是登天难事。一位姓钟的乡绅灵机一动，找到几个正在采石的石工，请他们把山上一个大石块略加修饰，凿成莲花状。人们称之为莲花石或石莲花。此后鹿步司果然书香渐浓,出了不少进士举人。“石砺岗见莲花”的故事传播开来后，石砺山又被称为莲花山。不过，这个说法并不准确，将位于鹿步司的莲花山、莲花塔及相关传说与茭塘司的石砺岗、石砺塔混淆了。清代前期，广州城东的番禺县鹿步司附近有莲花山、莲花塔,可这并非今番禺区的莲花山、莲花塔。

其实，莲花山是因采石场留下的莲花岩而得名。清嘉庆以来，随着莲花岩知名度的提升，“莲花”之名逐步成为该山的总称。

清代道光年间，石楼乡绅陈龙韬等辑的《石楼八景诗集》

收录的诗中有“莲花孤塔耸江边，岩洞真修面壁年”“莲花塔影卧斜晖，几队樵夫下翠微”之句。可见，道光年间，“莲花山”上的塔已被明确称为“莲花塔”，“莲花山”不但因“莲花岩”而得名，连塔也一并改称为“莲花塔”了。

莲花山下先民造蚝屋安家

珠江盛产石蛎（蚝的一种）。古时，从番禺县鹿步司的猎德乡到东莞县的麻涌，再到珠江口虎门，有一条宽大的蚝壳带。莲花山下狮子洋一带正处于这条蚝壳带上，是珠江三角洲蚝壳分布最为密集的地区之一。

石蛎附生于咸淡水交界处的石岛上。众多石蛎死后，就变成“龙骨”，即蚝壳带。屈大均在《广东新语》中提到莲花山一旁的“番禺茭塘村多蚝……掘地至二三尺，即得蚝壳，多不可穷”。因此，该山因“石蛎”附生，最早被称为“石蛎山（岗）”。后来，“蛎”改为“砺”，被写为“石砺山”。

蚝的滋味十分甜美。广州先民不仅爱吃蚝，还善用蚝。根据唐代刘恂《岭表录异》记载，早在东晋，岭南民间就有以蚝壳筑墙的做法，“卢循背据广州，既败，余党奔入海岛野居，惟食蚝蛎，垒壳为墙壁”。如此算来，岭南人以蚝壳为建材的历史至少已有上千年。直到清末民初，莲花山及周边一直有采蚝、挖石蛎的人；承办壳矿，是古时一个致富之道。

宋代以来，大规模迁移到岭南的中原人看中蚝壳屋既结实又冬暖夏凉，也开始用蚝壳修建房屋。市桥台地东部，许多居民点陆续建立。

北宋宣和元年（1119 年），原籍浙江绍兴的许姓一族经南雄迁居至距离莲花山数公里的菩山脚下，生息繁衍，迄今已有 900 多年。南宋绍兴年间，陈氏始祖陈遗庆又自南雄珠玑巷投奔而来。明嘉靖年间，莲花山出现大岭墟，从此古村正式得名“大岭村”。大岭村两塘公祠有面 600 多年历史的蚝壳墙。此墙高 9 米，墙体厚约 60 厘米，每平方米至少需 1000 多个蚝壳，有人估算这面墙要用蚝壳 10 多万个，堪称广州面积最大的单体蚝壳墙。

明末建省会华表莲花塔

莲花塔坐落于莲花山北主峰之巅。明清时期，远道而来的外国商船从外洋穿过虎门大关，进入珠江航道后，见到的第一座中国传统建筑就是莲花塔。它雄踞于莲花山上，成为明清时期中外船舶的“海航表望”。从伶仃洋进广州的外国船只皆以看见莲花塔为抵达广州的标志，莲花塔渐渐成了导航塔。

《中法贸易在广州（1698—1842）》一书记载：“对船长船员来说，这些靠近河岸的宝塔十分重要，既是地标，又能警示航行风险，还能作视野参考。往上游走，先经过莲花塔。”

不过，莲花塔起初并不以航塔为建造目的，而是人们为祈求风调雨顺而修建的。

先民为何建莲花塔？有一种说法是，古代堪舆学认为珠江水的出口地势低平，两岸没有高山“关锁”水口，会造成“生气外泄”，需要建塔来弥补。于是，人们在广州城东南方修建赤岗塔，作为广州第一个“水口塔”。往东又建琶洲塔，作为第二个“水口塔”；再沿珠江向东，在珠江出海口，莲花山虽绵亘四十余峰，被称为“虎门捍山”，但古人认为，山势依然太低，故而在山上建塔，“使山水回顾有情”，从而“以束海口”。古人深信，三座气势恢宏的高塔巍然矗立在珠江边，则“全粤扶舆之气乃完且固”。（清屈大均《广东新语》）

明万历四十年（1612 年），莲花山上的宝塔建成，因山上多砺石，故取名“石砺塔”，因其附近山坡上有一块天然狮形岩石，又称“狮子塔”。

外国人士争相来“打卡”

莲花塔给外国人士留下了美好印象，被称为“省会华表”，是古代的“网红打卡地”。美国人亨特在《旧中国杂记》中提到，进入广州城的外国人几乎都会被琶洲塔、赤岗塔、莲花塔等所吸引。

1793 年，英国来华画家托马斯·丹尼尔绘制的《莲花山城及莲花塔》描绘了莲花塔的风貌，该作品后来被刻印为石版画，深受西方人士喜爱。

1810 年，画家托马斯和威廉叔侄在《风景如画的航程》一书中赞美了珠江入海口的风光："接壤的山上种满了高大的树木；温柔的山地，其生机勃勃的翠绿不知不觉地消失在树林深处的树叶中；孤零零的宝塔，被树木环绕；稻田一直延伸到水边……"

1850 年，《中国丛报》第 19 卷刊发了传教士卫三畏的文章，记述了他探访莲花塔的过程："宝塔矗立在珠江西岸陡峭的红砂岩山顶上，山坡朝向江面的一侧格外险峻……"山中的采石场看起来像经过刀削斧劈的石头，让作者联想起了尼罗河边的西西利斯。"我们沿着台阶爬到了八层……在此环顾四周，景色蔚为壮观，美丽绚烂。从我们所在楼层望去，伶仃岛和广州城历历在目，黄埔和城中的塔就像守护内陆的卫士。东边，珠江的江面超过一英里宽，这里就是狮子洋了……"

400 多年来，莲花塔经历了风风雨雨。1938 年，日寇入侵广州，来到珠江口，见莲花山上有城墙，怀疑莲花塔内可能藏有中国军人，于是发动炮击，将二、三、四、七层东南面塔身轰烂，莲花塔上弹痕累累，然而，"虽烂却不倒"。

1981 年，祖籍番禺的澳门知名人士何添、何贤兄弟捐资修葺莲花塔。如今，约 50 米高的塔身呈八角形，外观 9 层，内部 11 层，内有步梯，塔顶还设有巨大宝葫芦，游人可登至顶层观光。

莲花塔高耸于山顶，站在塔上，举目四望，视野可达数十里，若天气晴朗，东北边的广州塔亦清晰可见。狮子洋畔千帆过，莲花塔巍巍依然，续写着"海上丝绸之路"的荣光与梦想。

莲花城“府城捍山”见证历史

广州莲花山中还有一座藏匿在山林之间的古城——莲花城。这座古城历经300多年风雨，见证了历史的沧桑。

莲花城位于莲花山的东北角，古城墙被茂密的树荫包围。正门两侧既有就地取材的红色砂岩墙，又有青砖砌墙。走进莲花城，站在10多米高的城墙上，狮子洋就在眼底，三面皆可俯视珠江。城内还有一个古老的军事阵法——莲花阵。相传莲花阵迷宫仿照诸葛亮的八阵图而建，用于日常军事训练，后来倒塌，留有地基，今人按照原样修复。

莲花山上为何要建莲花城呢?《南海百咏续编》记载，莲花城在“郡东百里狮子洋口，石砺山之巅。奇峰攒翠，下瞰虎门，为省会第一重关键”。清顺治十八年（1661年），为隔绝陆地居民与以郑成功为代表的海上势力的联系，也为了抵御海盗，清顺治帝下旨严令东南沿海居民内迁50里，实行海禁。番禺知县彭襄向茭塘、沙湾两司摊派任务，让沿海18乡提供砖石和夫役，砌城墙、修营房、建墩台，于莲花山上建筑莲花城，作为军事防区。清康熙三年（1664年），莲花城建成，面积达10000多平方米，城池为不规则椭圆形，能远控虎门，近制狮子洋，有“府城捍山”的功能。

不过，迁界禁海影响了百姓生计，引发民众不满，后来清政府不得不顺应民众要求，重新开放海禁，迁界禁海退出了历史舞台，莲花城则保留了下来。

鸦片战争时期，莲花城还见证了英军侵略的历史。第一次鸦片战争前，钦差大臣、两广总督林则徐把莲花城作为抗英的第二道防线。但清政府腐败无能，害怕战事扩大，派了当时的直隶总督琦善接替林则徐的职务。琦善来后，先拆除了炮台，然后解散了水勇，撤销了军防。

1841 年 1 月 27 日，英方代表义律到莲花城和琦善“密商”《穿鼻草约》，主要包括割让香港、赔偿等条款，但琦善没有允诺。当年 2 月 23 日，虎门大战再起，英军以“坚船利炮”入侵广州城，之后又沿海北上。1842 年 8 月，清政府被迫签订了丧权辱国的《南京条约》。

今日的莲花城，战争的炮火硝烟已经远去，但历史仍被后人铭记。经过 1983 年、2003 年的两次维修，莲花城“修旧如旧”，内设历史展览馆及清兵营房等，展示出土文物及清军处理军务和生活的场景。现在，它不仅是广东省文物保护单位，还是广州市爱国主义教育基地、广州市海防教育基地，向今人诉说这片土地的历史，激发今人的爱国主义情怀。

^ 莲花城（广州市番禺莲花山旅游区供图）

蓮花城
蓮花城

^ 莲花塔（广州市番禺莲花山旅游区供图）

向海而兴正当其时

第六章·第三节

新世纪莲峰观海映新晖

如今，莲花山又增添多处胜景。20 世纪 80 年代初，莲花山告别了单一渔民村的历史，蝶变为旅游区，建设了港口，发展迅速。到了 20 世纪 90 年代，在港澳知名人士何厚铧的倡议下，何贤社会福利基金会率先捐资，各方善者襄助建造观音像。雕像高 40.88 米，用 120 吨青铜铸成，外贴 9 千克纯金，是目前世界最大的箔金观音铜像。观音宝相庄严，手持玉净瓶，面朝大海，人称“望海观音”，寄予着人们祈求国泰民安的美好愿望。

一年一度的广州番禺莲花文化旅游节闻名遐迩，每到夏季，莲花山上各式莲花盛放。全球共有 4000 多种莲花，这里就能欣赏到 1200 种荷花和近 600 种睡莲，莲荷竞放，曲岸浮香，宛若人间仙境。世界首例五蒂莲、七蒂莲、七芯莲等奇观都诞生于此。

2020 年 8 月，吉尼斯世界纪录认证官宣布，莲花山七蒂莲荣获“一根莲茎生长最多莲花”吉尼斯世界纪录，并向莲花山授牌。2022 年，莲花山一年内有 8 朵并蒂莲绽放，让人啧啧称奇。其中，品种名为“杏粉”的并蒂莲是从数千盆籽播莲花中选育出来的。双色莲花则有两种颜色，一半为粉色，另一半为白色，仿佛情侣相拥在一起。由此，莲花山可以说是广州莲花奇观的“最强诞生地”。

莲花山成为拍摄鹭鸟好去处

近年来，莲花山逐渐变为生态环境良好、树木葱茏、四季繁花似锦的世外桃源，以“莲峰观海”入选新世纪羊城八景之一。这里每年春天都会举办桃花节，游客络绎不绝。白鹭、夜鹭也来此“定居”。每天，晨曦或夕照下的莲花湖风景宜人，天空中，鹭鸟齐飞；地面上，人们手持“长枪短炮”，拍摄鹭鸟的倩影。

2022 年 6 月，粤港澳大湾区首个国家级渔港经济区试点——广州市番禺区渔港经济区正式揭牌成立。莲花山与周边的莲花山中心渔港、莲花山客运港、莲花山客运码头、海鸥岛农业公园、海鸥岛现代渔业产业园连成一体。街坊在这里能一站式体验乡村旅游、水上集市、渔村文化、美食等，回味儿时记忆，留住心中乡愁。

如今，漫步莲花山，燕子岩雄伟险峻、燕崖洞天外有天、飞鹰崖内石柱林立……2022 年 12 月，广州市第一批 16 处工业遗产名单出炉，莲花山古采石场入选其中。岁月悠悠，莲花山开山劈石、一凿一钎的背后是广州人奋斗的过去。展望未来，莲花山上的古采石场、莲花塔、莲花城将继续见证这座城市向海而兴、向海图强的勃勃生机和活力。

趣知识——岭南七城市 都有莲花山

南粤大地，除南岭山脉之外，第二长的山脉要数莲花山脉。它自福建入广东，自东向西，经梅州、河源进汕尾，在海丰鲘门一鹅埠抵海，自东北到西南，绵延400公里。在鹅埠西南，莲花山脉的支脉跨大亚湾、穿过深圳，直抵香港，在大屿山珠江口外入海，又在珠海、江门“露头”，成为大小横琴岛、上下川岛等。向西，又有一条北支脉入东莞、跨珠江，到广州番禺，成了今日的番禺莲花山。鲜为人知的是，广州、深圳、东莞、汕尾、惠州、香港六座城市均有“莲花山”，且都属于莲花山脉的一部分，可以说是莲花山脉的“孩子”。此外，韶关也有一座莲花山，不过韶关的莲花山不是莲花山脉的“孩子”，而是其“兄长”——南岭山脉的“孩子”。

第七章 羊城山冈岁月长

文—倪明

羊城山冈岁月长，融入都市绽繁华。

广州不仅是河道如巷、水系成网的水城，而且是一座坐落在山地丘陵之上的城市。在岁月的长河中，广州人民凭借他们的智慧和勤劳，将一座座原本荒芜的山冈，因地制宜建设成了充满生机与活力的美好家园。这些山冈连绵起伏，道路蜿蜒，不仅是地理上的标志，更是文化和历史的载体。山冈与城市相融，为这座城市增添了无穷的韵味，它们见证了广州的沧桑巨变，留下了广州人奋斗的印记。

历史之冈·象岗

第七章·第一节

位于广州解放北路的西汉南越王博物院依象岗山而建。这座博物院不仅是一座历史的宝库，更是广州文化的重要象征。与博物院紧紧相邻的，是一个名为“象岗山社区”的地方。沿着一条长长的斜坡往上走，你会看到楼梯步道纵横交错，如同一条条蜿蜒的丝带，连接着社区的每一个角落。空中平台上下交错，让人仿佛置身于一个 5D“小山城”之中。

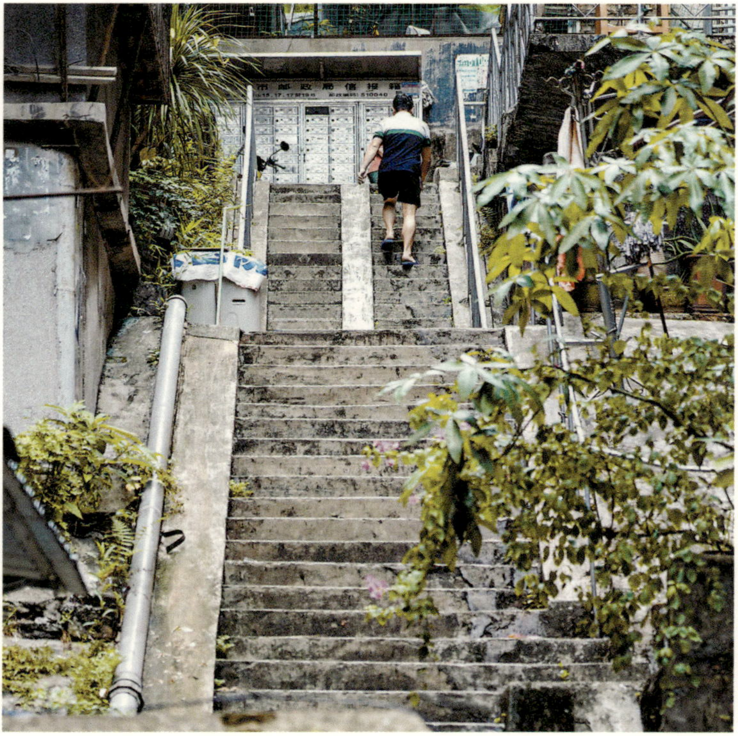

^ 象岗山社区，楼梯步道随处可见（吴子良摄）

昔日，象岗是越秀山西侧的一座小山冈。它海拔不高，形状独特——南北长、东西窄，犹如一只卧伏的巨象，在广州的地貌中独树一帜。

传说南越王赵佗曾在此地“因岗作台，北面朝汉”，建造了著名的朝汉台。1983 年，人们在象岗山中部修建宿舍时，意外地发现了第二代南越王赵眜的墓葬。这一发现将象岗山的人文历史一下子追溯到了两千年前。

明代洪武年间，永嘉侯朱亮祖为了完成“三城合一”的构想，将象岗山拦腰截断，使其与越秀山分离，成为一座孤立的小山包。樵夫常在此割草打柴、放声高歌，“象山樵歌”因此成为明代“羊城八景”之一，与荔湾湖的“荔湾渔唱”相映成趣。清代，清军在此建了拱极炮台，以保卫广州的北门。

行走在象岗山社区，每一步似乎都在与岁月对话。这个仅有 0.248 平方公里的小社区，犹如一个历史与现代的交汇点。南越王墓诉说着两千年前的传奇，拱极炮台见证了历史的沧桑，越王井、三元宫、高剑父纪念馆等遗迹更是将广州文化脉络绵延至今。

20 世纪 80 年代，象岗山的山体被削低了 17 米，逐渐形成了如今的社区。这里的街坊常开玩笑说，由于地形复杂，亲友上门经常“找不着北”，只能顺着墙上的数字编号寻找。

值得一提的是，高剑父的春睡书院旧址建筑形式被巧妙地复原到了现代建筑盘福大厦的顶层，成了第 14 层的一部分。

尽管时代变迁，象岗山的老房屋、老街巷仍保留着独特的建筑风格，《小伟》《我爱你！》等电影都曾在这里取景。象岗山社区也因此“出圈”，吸引了众多影迷和游客前来寻访，感受这座“小山城”的独特魅力。

在这片山冈之上，生活充满了烟火气。一栋栋被楼梯相连的楼宇，拉近了街坊邻里的距离，人与人之间的关系也更加紧密。梁家辉和叶童在电影《我爱你！》中的深情演绎，让人们对山冈上的爱情有了更深的体会。在现实中，象岗山社区也有许多感人至深的故事。23 号楼是《我爱你！》的拍摄地之一，这里有一对老年夫妻，妻子因小脑萎缩，生活不能自理，丈夫一直对她倾心呵护。每天，他背着妻子上下楼，推着她的轮椅出门，让她享受阳光。这份执着与深情，如同山冈一般恒久弥坚。

城东之冈·东山

第七章·第二节

从东山口地铁站出来，庙前直街、庙前西街熙熙攘攘。咖啡店、文创园、买手店、独立工作室、潮牌店等“网红店”在这里聚集，吸引了大批年轻人前来探店、打卡。现在的东山口是广州潮人、网红聚集的社区，也是广州文艺青年最喜爱的文艺商圈。

名为东山实则小丘

沿庙前直街向东至烟墩路入口左转，有一条6米宽的小巷。小巷入口处，红墙绿瓦排列巷侧，前行数步见一教堂高耸。过了教堂，巷子向东拐了个弯，延伸至达道路。一路古木葱郁，别致的洋楼庭院点缀左右，幽深而静谧，与“寺贝通津”这个充满文艺气息的地名相得益彰。

其实，“寺贝通津”这个地名，本来指的是“东山寺背后通往码头”的小路。东山之名，据传始于明成化年间的东山寺。《广州城坊志》记载，东山寺位于城东，因有此寺，这一带便被称为“东山”。不过，虽然名为东山，实则这里并无山峦起伏，所谓的“山”只是诸如烟墩岗、龟岗（因形如龟背，故名）、木棉岗等一些小山丘。

清朝早期，广州城经历了“两藩”领兵南下的战乱。靖南王耿继茂的战马在西关一带放养，平南王尚可喜将东门外的山冈作为牧马的场所，“马棚岗”这个地名应运而生。不过，随着时局的稳定以及“两藩”被康熙削藩，马棚岗渐渐不再养马，这里便成了荒地。

直到清末民初，东山都还只是广州城大东门外的荒郊野岭。当时广州城的西部富商云集，寸土寸金；东山一带则在烟墩岗、龟岗、木棉岗、松岗、七星岗等几个小山丘的环抱之中，稻田、菜地、鱼塘、竹林遍布其间。由于地处偏远，人烟稀少，当时仅有羊肠小道与市区相通。

烽火烟墩变身名校

沿着庙前直街向东漫步，不久便来到了被誉为“广州醉美大斜坡”的培正路，可见树影婆娑，常有新人在绿瓦黄墙的映衬下拍摄婚纱照，定格人生的美好瞬间。

1907 年，培正中学新校在此开建，培正路也得以开辟。大斜坡位于路的南段，两旁名园林立，古朴典雅。

走上“醉美大斜坡”，就来到了烟墩路。广州七中、培正小学、培正中学、烟墩路幼儿园等均位于此。这条街道因“烟墩岗”而得名，“烟墩”的字面意思是“有烟升起的土墩”。培正中学内美洲华侨纪念堂所在地曾有一座烽火台，是古时用来守望珠江江面的防护要塞，后在兴建培正中学的过程中被拆除。

随着培道、培正、培贤、慕光等学校相继在东山建成，这里的教育氛围逐渐浓厚。此时，广九火车站开始修筑，新式学堂的进驻和铁路枢纽等公共设施的建设引起了华侨在此建房的兴趣。最初，他们只是在此修建了一些住宅，这一带尚未形成闹市。1909 年，美国侨眷钟树荣与美国华侨郭乃伦、包华等合资购买了现烟墩新街所在的地块，并在 1911 年划分为 6 块出售。1915 年，美国华侨黄夔石在龟岗购买荒地，建设龟岗一至四马路，分段出售。随后，周边恤孤院路、烟墩路、培正路、新河浦、启明路一带建起了一幢幢中西合璧的小洋楼，形成了东山华侨建筑群。

俗话说“路通财通”，华侨和侨眷看到了东山的商机，陆续在这一带开设商铺。1917 年，庙前直街迎来了第一家商店——青园（竹棚茶居）。随后，玉波酒楼、文苑饼家、春园茶居、华华照相馆、新昌文具店等商铺相继开张，带旺了东山口地区的商业氛围。甄沾记的椰子糖更是闻名遐迩，成为东山口地区的一张美食名片。

如今，走在东山地区的街道上，我们仍然可以感受到独特的商业氛围和侨商文化。

名流云集“模范住宅区”

东山的发展，与当时广州拆旧城、建新城，大力发展市政建设的大环境形成呼应。二十世纪二三十年代，广州分别在马棚岗、竹丝岗、松岗、龟岗等处建设“模范住宅区”，配套设施一应俱全。

1932 年，“松岗模范住宅区”更名为梅花村，即现今梅花村所在。广东军政要员纷纷在梅花村营建官邸，形成了一个由20多个公馆组成的新式高端洋楼住宅区。在这里居住的除了陈济棠和孙中山之子孙科这样的政界要员外，还有一代名将蒋光鼐等社会名流。“有钱住西关，有权住东山”的俗语在这一时期不胫而走，成为民间广为流传的一句话。

随着时间推移，东山的范围不断扩大，东皋、东川路、竹丝岗等地也逐渐被纳入东山的版图。

谁也没想到，短短二三十年的时间里，东山地区就经历了翻天覆地的变化，从荒郊野岭蜕变成广州城市发展中一道亮丽的风景线。这片山冈上的街区，如今已不仅仅是一幅美丽的风情画，更是一部生动的历史长卷，每一页都镌刻着广州近现代的沧桑与荣光。

^ 绿树掩映下的东山洋楼（莫伟浓摄）

^ 美丽东山（王燕摄）

书香之冈·从岗顶一路向北

第七章·第三节

东山往东，是石牌村北丘陵。岗顶这个名字源于 20 世纪 30 年代后逐渐形成的市集，这个市集位于石牌村北丘陵的丘顶，故有此名。20 世纪 90 年代初，随着 IT 产业的蓬勃发展，岗顶从一个不起眼的市集迅速崛起为全国知名的“电脑城”。许多学生利用课余时间在这里通过组装电脑、销售配件等方式赚取额外收入。小鹏汽车 CEO 何小鹏在上大学时便开始在太平洋电脑城装机，赚取了自己人生的第一桶金。如今，最早的“太平洋数码广场”已转型为美食城，而曾经的电脑商铺也大多换了面孔。

从高楼林立的岗顶拐入五山街道，仿佛进入了一个与山冈息息相关的世界。华山路、茶山路、嵩山路等路名以及瘦狗岭、鸡笼山、独秀峰等地名都体现着这一带独特的地貌特征。

山冈上崛起广东科教中心

关于五山这个地名的来源，有两种广为流传的说法。一种说法是这里被嵩山、茶山、黑山、象岗山、凤凰山等所环绕，形成了一个形似盆地的地貌，人们形象地称之为“五马饮泉”。另一种说法是“五山”泛指这一带山多林密的自然环境。

在五山路立交与广园快速路的交界处，一座巍峨的牌坊巍然耸立，门额上“国立中山大学”六个大字苍劲有力。20 世纪 30 年代，中山大学为了寻求更广阔的发展空间，做出了迁往东郊石牌的决策。这一迁址不仅为中山大学揭开了新的篇章，也为石牌地区注入了深厚的文化底蕴。整个校园被巧妙地设计为一个钟形结构，寓意着时间的流转和知识的积累。在短短四年多时间里，校园内共建成各类建筑 186 座，其中 69 座至今保存完好。这座巍峨的牌坊当年正立于中大校区南门，也是学校的正门。

1952 年，全国高校院系进行重大调整，中山大学迁至岭南大学校园，中山大学工学院及农学院继续留在石牌校址，并与其他院校一起，分别成立了华南工学院（现华南理工大学）和华南农学院（现华南农业大学）。起初，这座牌坊是两所学校的共有校门，牌坊上同时挂着两校的校牌。后来，华南理工大学（简称“华工”）和华南农业大学（简称“华农”）分别建设了自己的独立校门，这座牌坊成了纯粹的历史文化纪念物。

此后的几十年里，五山一带逐渐汇集了众多高校以及中国科学院广州能源研究所、广东省农业科学院等研究机构，还有一大批中专院校，使这里成了广东高等学校、科研院所最集中的地区之一。如今的五山地区已然成了一个学术气息浓厚、生活氛围和谐的社区。

从岗顶一路走来，沿途可见多所高校和科研机构。学校彼此相望：在华工的西湖能看见华农的教学楼；穿过华农的老小区就到了华工的东住宅；从华农的茶山 19 栋下坡，就进了广东省农科院宿舍……中小学和幼儿园也星罗棋布，为居民提供了便捷的教育资源。有人在这里从幼儿园读到大学，也在这里收获了满满的知识与回忆。

∧ 华南理工大学百步梯（杨耀烨摄）

山冈起伏湖泊点缀

在五山，水平线似乎是一种奢侈。嵩山、茶山、黑山、象岗山环绕着华南农业大学，凤凰山则静静守护着华南理工大学。流传着这样一句话："最多的石阶路在华工百步梯，最陡的路在农科院小区，最长的坡在华农紫荆桥，最绕的弯在五山路隧道。"这里冈峦起伏，道路曲曲绕绕，学生们总结出了逛五山的最佳方式——骑电动自行车。

华南农业大学"五湖四海一片林"的美誉绝非虚名。由于校园较大，赶课成了华农学子的必修课。华农的学子们幽默地将歌曲《红日》的歌词改编成描述上学之路的版本："上学之路就算颠沛流离，上学之路就算曲折离奇……"用歌声表达他们对这段独特的求学经历的感受。

每年三四月，当春天的脚步悄然而至时，五山的各大高校就成了热门的赏花打卡地。紫荆花、樱花、黄花风铃木竞相绽放，将校园装点得如诗如画。此时，五山不仅是一片学术之地，更是一片花香四溢、人文与自然和谐交融的美丽之地。

^ 华南农业大学的花海（乔军伟摄）

海珠之冈·基岩岛形成多个山冈

第七章·第四节

跨过珠江，海珠区的地势也是北高南低，地貌类型可分为低丘、台地和平原。北部从西往东为一列低丘冈峦，海拔一般约 50 米，最高的圣堂岗海拔 54.3 米；台地分二级，一级台地海拔约 40 米，另一级台地海拔约 20 米；南部和东部为河海冲积的沙洲平原，河网密布。

马岗顶谈笑有鸿儒

中山大学康乐园校区的中心是一处冈峦——马岗顶。冈上大树参天、郁郁葱葱。这里不仅地理环境独特，更承载着深厚的历史文化。

20 世纪 50 年代，中大师生曾在马岗顶采集到双肩石斧和石镞，震惊了学术界。它们在当时被证实为广州最早发现的先秦时期（距今四五千年）文化遗存，为这片土地的文明史树立了一个明确的时间坐标。

马岗顶还与古代著名的文学家、山水诗鼻祖谢灵运有着不解之缘。南朝宋元嘉十年（433 年），谢灵运被宋文帝流放。虽然他在广州的时间并不长，但无疑为这片土地增添了一抹文化亮色。后来，人们将此地命名为“康乐村”，以表达对谢灵运的敬仰与怀念。

1904 年，格致书院迁至康乐村，更名为岭南学堂，1918 年正式定名为岭南大学。坐落于康乐园中轴线东面的马岗顶，绿树成荫，环境幽雅，不仅宜居，更是做学问的绝佳场所。313号高礼士屋，曾是著名学者、“中国 MPA 之父”夏书章教授的寓所。再往北走不远的 319 号小洋楼，则是陈序经教授的故居。他正是在这栋小楼里完成了学术巨著《陈序经东南亚古史研究合集》。

春天来临时，马岗顶南坡杜鹃花竞相开放，一团团、一簇簇，犹如火焰般燃烧。陈寅恪先生曾赋诗“美人浓艳拥红妆，岭表春回第一芳。夸问沉香亭畔客，南方亦有牡丹王”，表达了对这片杜鹃花海的赞叹。对中大学子来说，杜鹃花已经成了他们生活中不可或缺的一部分。

虽然谢灵运旧居已不复存在，后人也无法考证他是否曾在这片茂林修竹间留下木屐声，但康乐园的百年历史与文化已深深烙印在这片土地上。

七星岗见证沧海桑田

中山大学所处的马岗顶往东约9公里处，矗立着震撼人心的古海岸遗址——七星岗。七星岗这一地名的起源，可追溯到唐朝的《名胜志》。这里由风岗、马骝岗、坑岗、大岗、宝鸭岗、花岗、牛眠岗七个山岗组成，它们排列如星，故得名七星岗。6000多年前，汹涌的海水缓缓退去，在这里留下了一片独特的地质遗迹。

踏入七星岗古海岸遗址科学公园，首先映入眼帘的是岭南近代地理学的奠基人——吴尚时教授的雕像。1937年，他首次在这里发现了珍贵的海蚀地貌。

吴尚时教授的发现，揭示了这片土地的地质变迁，对研究华南海面变化、陆地升降和沧桑变迁具有重要价值，对研究全球气候变暖、海平面上升和地壳稳定性也有重要意义。

七星岗古海岸遗址由海蚀崖、海蚀瓯穴和海蚀平台三部分构成。海蚀崖高约2米，额状突出，仿佛在诉说着远古时期海浪的汹涌与澎湃。海蚀平台宽广平坦，高出今天的海平面近2米，平台后的海蚀瓯穴深邃而神秘，让人对大自然的力量心生敬畏。站在这里，遥想往昔，仿佛看见巨浪滔天的大海。如今，这里已是繁华都市，但那些远古的风浪之声，似乎仍在我们脚下响起。

^ 七星岗古海岸遗址（吴子良摄）

漱珠岗杨孚讲学

七星岗附近的仑头村圣堂岗是海珠岛的最高点，海拔 54.3 米。海珠区西部最高的漱珠岗则是 2 亿年前火山活动的遗迹，原本孤立于珠江之中，后逐渐与陆地相连。

漱珠岗的历史同样丰富多彩。自东汉时期起，这里便是文人墨客的向往之地。曾在洛阳任议郎的杨孚，告老还乡后选择在此结庐而居。杨孚的居所“石边祠”也是其著书立说和讲学之所，开启了漱珠岗的文化传承。宋代，岭南大儒崔与之也曾在漱珠岗讲学，进一步丰富了这里的文化底蕴。

清道光年间，道士李明彻的到来，为漱珠岗增添了新的色彩。他见万松岗东接七星岗，西连五凤村，近临珠江，远眺云山，气势昂轩，宛如一颗明珠，便将岗名改为漱珠岗，并在此修建纯阳观。李明彻不仅是一位道士，还是学贯中西的天文学家。他在漱珠岗顶建起了广东现存最早的天文台——朝斗台，并著有天文学著作《圜天图说》。

漱珠岗以古松、怪石、幽梅而闻名。近代以来，这里更成了文人雅士诗酒结社的场所。居巢、居廉等画家常来此登高作画，他们的弟子高剑父、高奇峰、陈树人等也在此雅集，栽下梅树数百株，结成“梅社”。1950 年，岭南大学学者陈寅恪及冼玉清也来到漱珠岗赏梅。陈寅恪登临朝斗台，留下诗篇，成就一段佳话。

漱珠岗，这个小小的山丘，不仅承载着人文的积淀，也见证了科学发展的一段历程。

萧岗、赤岗、岗顶、昌岗、嘉禾望岗、浔峰岗、萝岗……有网友统计，广州带有“岗”字的地铁站名约有 20 个。广州地铁站名中“岗”字频繁出现，并非偶然，而是与广州独特的地形地貌和历史文化背景密切相关。

广州地势北高南低，从北至南依次是中低山、丘陵盆地、山冈台地、平原等多种地形地貌。广州北部受瘦狗岭断裂带的挤压，形成了连绵起伏的低丘。20 世纪以来，这些岗丘在城市建设中经过平整，坡度有所降低，但带“岗”字的地名（如竹丝岗、松岗、龟岗等）仍然沿用至今，留下了对过去地形地貌的记忆。

在珠江以南的海珠区北部，石榴岗、七星岗、赤岗、马岗、石马岗、漱珠岗等低丘冈峦自东向西排列。这些“岗”原为海中浮出水面的小基岩岛（岛屿底部有坚硬岩石支撑），随着珠江三角洲的发育和沉积，逐渐与陆地相连。它们在广州的历史进程中扮演了重要角色，一些岗地成为古海岸遗址，见证广州的海陆变迁；一些岗地的自然和人文景观诉说着广州的古老故事和丰富文化，成为市民休闲的好去处。

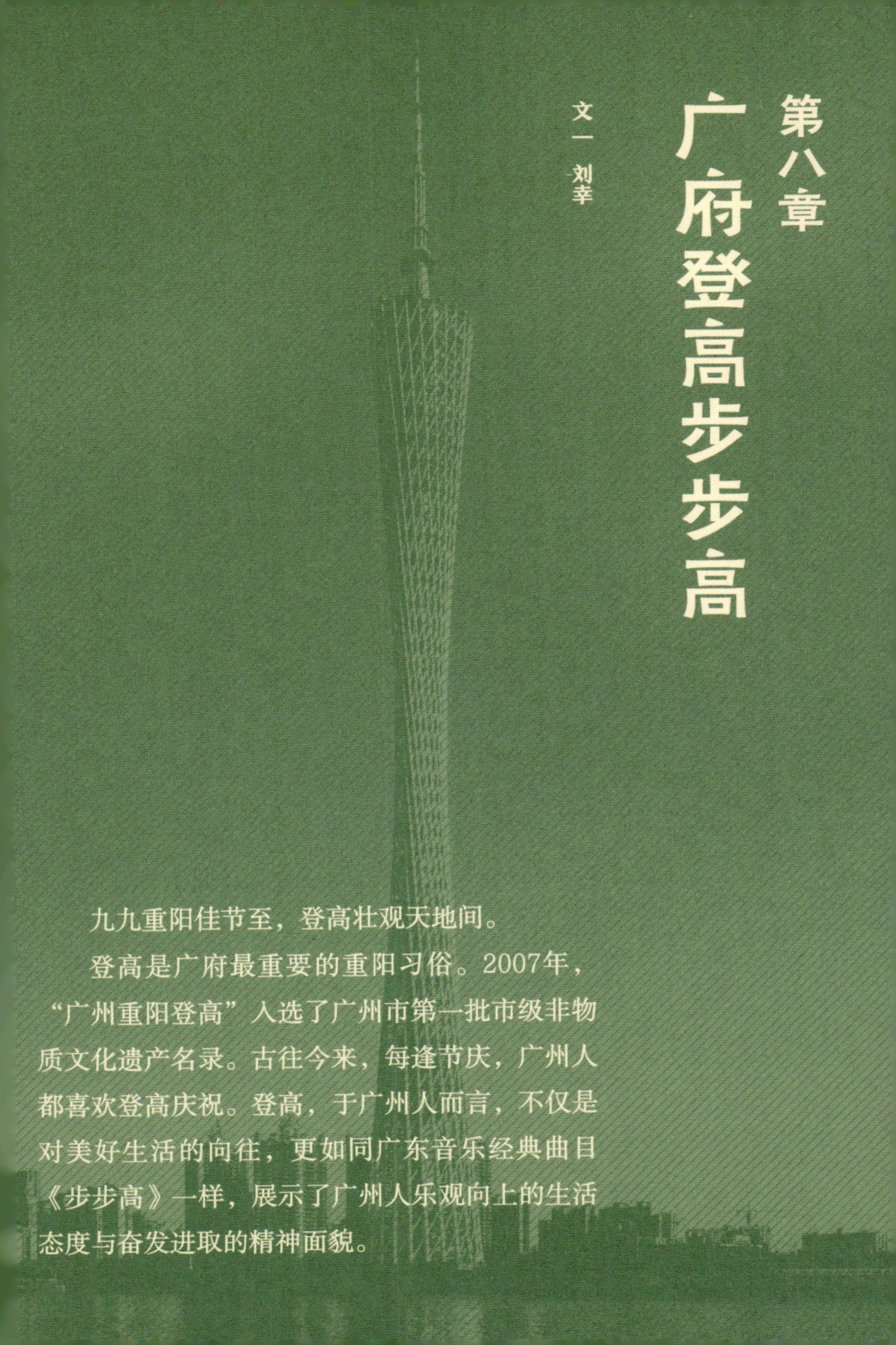

第八章 广府登高步步高

文—刘幸

九九重阳佳节至，登高壮观天地间。

登高是广府最重要的重阳习俗。2007年，“广州重阳登高”入选了广州市第一批市级非物质文化遗产名录。古往今来，每逢节庆，广州人都喜欢登高庆祝。登高，于广州人而言，不仅是对美好生活的向往，更如同广东音乐经典曲目《步步高》一样，展示了广州人乐观向上的生活态度与奋发进取的精神面貌。

重阳节俗　源远流长

第八章·第一节

汉代节俗成形

2000 多年的历史风云中，登高早已融入广州人的日常生活中，也成为广府重阳节最为隆重的习俗。广州的重阳节俗源自中原，同时又别具广府特色。

“重阳”两字最早见于《楚辞》。屈原在《远游》中写道：“集重阳入帝宫兮，造旬始而观清都。”不过，这里的“重阳”是指天，而非指重阳节。

九月初九为何有“重阳”之名呢？在中国传统文化中，偶数代表阴，奇数代表阳，“九”是奇数中最大的阳数。农历九月初九这一天，月、日皆九，两个最大的阳数重叠在一起，故曰“重阳”，也叫“重九”。

“重阳”之日是如何成为节日的呢？对此，学界有不同的说法。有说法认为，重阳节源自先秦的丰收祭天。农历九月是丰收的季节，先秦时，古人已在九月开展祭飨天帝、祭祖的活动。《吕氏春秋》记载：“（九月）命冢宰，农事备收，举五种之要。藏帝籍之收于神仓，祗敬必饬。”“是日也，大飨帝，尝牺牲，告备于天子。”另一种说法认为，重阳节起源于古代祭祀的“大火”仪式。作为古代季节星宿标志的“大火”（即心宿二）九月隐退，之后气候由暖变寒，草木也开始凋落，意味着冬季的到来。因此，人们举行祭祀仪式为之送行。

到了汉代，重阳已颇具仪式感。《西京杂记》记载，刘邦宠妃戚夫人的侍女贾佩兰谈及宫中往事时，提及“九月九日佩茱萸，食蓬饵，饮菊花酒，令人长寿”。可见当年的重阳已有佩戴茱萸、吃重阳糕、饮菊花酒的习俗，祈求长寿也成了重阳节的内容。另外，《西京杂记》又提及：“三月上巳，九月重阳，士女游戏，就此祓禊登高。”对应三月三上巳节的迎春“踏青”，九月九重阳的主要活动就是登高“辞青”。

三国时期，人们过重阳的方式之一是邀请友人欢宴。曹丕在《九日与钟繇书》中写道：“岁往月来，忽复九月九日。九为阳数，而日月并应，俗嘉其名，以为宜于长久，故以享宴高会。”“九九”，音同“久久”，借助这个美好的日子，人们聚会享宴，寄托“长长久久”的心愿。

到了唐代，重阳节被确定为官方节日。官民齐贺佳节，举办各种活动，诸如饮宴、吟诗、骑射、围猎等。活动太多，一天的假期不够用，重阳节就被提前到从农历九月八日开始，或延续至农历九月十日。李白的《九月十日即事》有“昨日登高罢，今朝更举觞。菊花何太苦，遭此两重阳”之句，道出了农历九月十日为“小重阳”的风俗。

岭南过重阳　苏轼留名篇

无数大家为重阳节留下名篇佳作。杜甫《登高》一诗留下了“无边落木萧萧下，不尽长江滚滚来”的名句；王维在《九月九日忆山东兄弟》中的“独在异乡为异客，每逢佳节倍思亲。遥知兄弟登高处，遍插茱萸少一人”被千古传唱；孟浩然在《过故人庄》中写下的“待到重阳日，还来就菊花”之句，令人读来口角噙香。

宋代，苏轼在岭南过重阳节，不但留下了佳作名篇，更留下了一段佳话。原来，惠州西湖始称丰湖。苏轼寓居惠州时，在《赠昙秀》一诗中留下“人间胜绝略已遍，匡庐南岭并西湖”之句，将丰湖称作“西湖”；后来，他又在重阳节留下“西湖不欲往”之句。据说有一个重阳节，苏轼和朋友一起登高，他思绪万千，想起“我家六儿子，流落三四州”，又想起“狂风卷朝霞”“孤光挂天涯”，忍不住在《丙子重九二首》中倾诉心绪，用“西湖不欲往，暮树号寒鸦”形容自己的悲凉心境。好在，东坡先生的情感底色是乐观的，他很快调整了情绪，又作了《龙山补亡并引》一诗，借龙山会上“风吹孟嘉帽落”的故事表达“颠沛何惧”的坦然。后来，他的儿子苏过作了《九日诗》，与他唱和。苏过在诗中表现了热气腾腾的生活场景，劝父亲“世间孰真乐，心境遇相适”。有这样的儿子，读到这样的诗，东坡先生一定是非常宽慰的。

到了清代，重阳节成为“寻常节”，清顺治十三年（1656年）定礼制：“唯立春、上元、四月八日、端阳、重阳皆寻常节。”至此，重阳佳节已在中国传承数千年。

^ 六榕寺花塔（陈忧子摄）

重阳登高　入选非遗

第八章·第二节

古时广府人登高首选越秀山

源自中原的重阳节俗在广州生生不息。在诸多节俗中，登高成为广府重阳节最重要的习俗。2006 年，重阳节被列入首批国家级非物质文化遗产名录；2007 年，“广州重阳登高”入选广州市第一批市级非物质文化遗产名录。

在古代，越秀山是广州人重阳登高的首选。

关于古代广州人过重阳节的记载，首见于唐代刘恂的《岭表录异》。刘恂写道：“越井岗岗头有古台基址……郡人呼为越王台……故老云，旧皆夹道栽菊，黄花迤逦，为九日登高之所。”可见，到越秀山登高、赏菊，已是古人重阳节俗。南汉年间，南汉国主铺砌了一条磴道（石台阶），从越秀山麓直通山顶，两旁种植金菊、芙蓉，称为“呼銮道”，用于重阳登高。

到了明代，越秀山上建起了镇海楼，人们登高从此有了新去处。清初大儒屈大均所著的《广东新语》记载了当时的重阳节俗：“（九月）九日载花糕、萸酒，登五层楼、双塔，放响弓鹞。”花糕即菊花糕，萸酒即茱萸酒；五层楼、花塔是当时广州建筑物的高点；响弓鹞是一种会鸣响的风筝，也就是纸鸢的一种。可见，重阳佳节，携花糕、萸酒登上五层楼（镇海楼）、花塔，是人们钟爱的活动。

白云山登高源头可溯至秦代

清末民初以来，白云山也成了人们钟爱的登高之处。人们手持风车登高祈福，山上山下十分热闹。《三家巷》是现代著名作家欧阳山的作品。在这部长篇小说中，白云山作为当时广州人生活中的一部分多次被提及。书中有对白云山登高的风俗描写："正是旧历的重阳节……那一天大早就动身，去逛白云山。他们出了小北门，走过鹿鸣岗和凤凰台，踏着百步梯，缓步登上白云山的高处……"

广州人登白云山的源头可以追溯到秦代。这里留下了郑安期驾鹤成仙的传说。郑安期又名安期生，秦时在白云山一带行医济世。传说某年瘟疫流行，为了拯救民众，他在山上采摘仙草九节菖蒲，不慎失足坠崖，随即驾鹤成仙。从此，登高成了广州人向郑安期表达感激和敬仰的方式。古人在白云山建了"郑仙祠"，又以郑安期飞升之日（农历七月廿五）为"郑仙诞"。宋朝大诗人杨万里在《游蒲涧呈周帅蔡漕张舶》一诗中云："至今年年七月二十五，倾城游人来访古。"屈大均在《广东新语》中说："安期……以七月二十五日仙去，今郡人多以是日采菖蒲、沐浴灵泉，以祈霞举。"如今，郑仙诞已有 1600 多年历史，成为广州独特的民俗，白云山登高也融入了广州登高文化。

重阳照相定格幸福

民国年间，每到重阳节，广州人除登高外还有一个特别的习俗——到照相馆照相。清朝末年，一个叫梁怡的人从香港回到广州，在双门底（今北京路一带）开设了芙蓉镜照相馆，这或许是广州最早的照相馆。到了民国，广州逐渐形成了在重阳节照相的习俗，民间传说这样可以“转运”。

据 1925 年 10 月 27 日的广州报纸报道，重阳节那天，西关十八甫的“民镜”“黎庸”等照相馆里挤满了等待照相的市民，“好像不要钱还有物件派送一般”，可见当时重阳节照相习俗之盛。

民俗学者冯沛祖在《九九天长——广东重阳节》一书中介绍，这种习俗也盛行于香港。民国时，香港人过重阳节的三大活动是登高、扫墓和照相。有趣的是，人们登高后去照相，却并不需要相片，相机里也不用装胶卷，人们只要对着镜头，让快门“咔嚓”一声，就大功告成了。

照相转运在今人看来，是匪夷所思的，但对当时的人来说，则代表了祈求幸福的美好心愿，在拍摄的那一瞬间，幸福的笑容定格在了闪光灯下。

持风车登高祈求“转运”

农历九月，广州的菊花尚未绽放，且鲜有茱萸分布。因此，重阳赏菊、插茱萸的节俗在广州成为配角，登高则是主角。

登高甚至从重阳节前一天就开始了。广州人或呼朋唤友，或全家出动，手持风车，在傍晚就开始登山，登上山顶还要露宿一夜，待次日太阳初升后才下山回家，因此广州人重阳登高有了一个特有的说法——打地气，即重阳前一天就要上山沾地气，在山上待上一晚，迎接朝阳。

重阳登高有多隆重呢？中山大学教授黄天骥在《岭南感旧》一书中，写下了自己在重阳节前夕夜登白云山的经历：“才到山麓，下车一看，漫山遍野，到处是人。我吓了一跳，便有点胆怯，本想打退堂鼓，可是经不起儿子怂恿，大丈夫‘开弓没有回头箭’，何况是人潮后浪推前浪，想要退也无可退……环望人流，男男女女，踉踉跄跄，像一江秋水，向着白云山上倒灌。山路上，年轻人有揽腰搭背的，有大呼小叫的，有咬着水果吮着矿泉水的；中年人有气定神闲，呼朋引类，说说笑笑的；上了年纪的人也三三两两，有挽着孙儿的手，叉着腰走走停停的。孩子们则有些拿着小风车，有些拿着手电筒，一路上打打闹闹……这景象，动中有静，在夜色与山景的烘托下，人流是主角，欣悦为旋律，真使人叹为观止。”

为何广州人重阳节要手持风车登高呢？原来，风车取的是“时来运转”的好意头，人们手持风车，祈求转运，希望好运常在、阖家安康，表达了对美好生活的向往。

广州塔东塔西塔成登高新去处

从 20 世纪 80 年代起，每年重阳都有近 10 万人次登上白云山；2000 年后，每年重阳节到白云山登高望远的市民更是达到近 40 万人次。

每到重阳节，广州会开放众多登高点满足市民所需，除了白云山，各区市民也会选择邻近居住地的登高去处，番禺区居民喜欢去莲花山，花都区居民青睐盘古山和芙蓉峰，白云区居民热衷于去帽峰山，不一而足。

近年来，广州塔、东塔等人工地标成了年轻人重阳登高的新去处。登临高塔，四周环顾，合景国际金融广场、广州国际金融交易中心、广州海关新大楼、全球通大厦、高德置地春夏秋冬广场、凯华国际中心、利通广场……摩天大楼星罗棋布，夜晚的珠江新城异常璀璨。2020 年，广州塔第一次在重阳节当天举办登高赛，吸引了上万人报名，张洁雯、张雁全、焦刘洋等多位奥运冠军前来助阵，广州人对登高的热爱由此可见一斑。经抽签，300 名幸运儿获得参赛资格。他们登顶后，纷纷通过视频向亲友送去祝福。传统与新型的登高方式在广州和谐共融，寄托着人们的美好愿望。

^ 莲花山是广州市民钟爱的登高点（广州市番禺莲花山旅游区供图）

登高就是一曲《步步高》

第八章·第三节

广州的登高文化源远流长。西汉年间，每逢三月初三上巳节，南越王赵佗都会带领群臣到越秀山登高游玩，越王台上，歌舞宴饮，盛极一时。

至中秋佳节，广州人则会登高赏月，“粤台秋月”曾入选元代“羊城八景”；农历正月初七是“人日”，古时广州人有到越秀山迂岗书院登高览胜、歌咏游嬉的习俗。

如今，广州原汁原味的年味除了“年三十晚行花街，行完花街先过年”外，就要数年初一“一家人齐齐整整去登高”的传统。新春第一天，一家人一起登上山顶，寄托在新的一年中向着目标攀登、不断取得进步、最终收获成功的心愿。

广州人的登高，就像是生活中的一曲《步步高》，不仅是一种休闲方式，更是一种生活态度。《步步高》昂扬向上的旋律，象征着广州人奋发向前的脚步，每一步都在向着更高的目标迈进；而广州人登高，也不仅是为了好意头，更怀揣着对美好生活的向往和锲而不舍、不断追求更高的境界。登高的传统与《步步高》所传达的意境不谋而合。这种奋发向上的精神，正是广州人乐观向上生活态度的真实反映。

“顶硬上，一定掂!”广州人带着对生活的美好祈盼，带着奋发向上的勇气，一步步不断攀登新的高峰。正是有了这种登高情怀，广州才能在历史的长河中不断发展壮大，成为今天这样一个繁荣昌盛的国际大都市。

^ 广州塔成为新的登高之地（苏俊杰摄）

^ 广州塔夜景（苏俊杰摄）

后记

广州，既是创新活力之城，也是历史文化之城。建城2200多年来，广州积淀了深厚的历史底蕴和文化内涵，是岭南文化的中心地和发源地之一。

2022年伊始，广州日报开辟《读懂广州·粤韵周刊》专栏，挖掘并展现岭南文化从涓涓细流到江河汇流的壮阔历程。为此，创作团队立足广州，奔赴佛山、中山、东莞、惠州、阳江、梅州、潮州、汕头、韶关等广东省内城市以及云南、四川等地，将分散在各地、各个领域的历史遗迹、历史事件、代表人物、古街古巷、名山大川，以及日常生活中的风物习俗、饮食习惯、文化娱乐等广府文化符号串珠成链，探寻那些至今仍闪烁光芒的人文精神，内容涉及自然山水、传统风俗、文化艺术、风土人情、饮食特色、城市建设等。

专栏推出三年多以来，受到读者一致好评。为了更好地传承弘扬岭南文化，我们在《读懂广州·粤韵周刊》的基础上编写了这套“老城市 新活力”丛书之“带你读懂广州”书系。本书系共分为五册，分别是《带你读懂广州山脉》《带你读懂广州水脉》《带你读懂广州城脉》《带你读懂广州商脉》《带你读懂广州文脉》，以帮助读者更为全面、系统地了解广州的过去和现在。

本书系在采写过程中，得到了王元林、叶曙明、刘小玲、刘金山、孙永生、纪德君、李宏卫、冷东、陈泽泓、陈鸿钧、赵伟斌、胡巧利、饶原生、黄剑丰、黄海妍、梁凤莲、程存洁、曾应枫、曾新、湛汝松、颜晖、潘剑明、禤文昊等众多学者、专家（排名不分先后）的帮助和指导，在此致以诚挚的感谢。

我们还要特别感谢曹子锵老先生，虽然已 90 多岁高龄，仍满怀热情地为本书提出宝贵的修改完善意见。

本书系尝试用文化视角、媒体语言来解读广州城市历史文化，大部分内容仍保留作品原有的新闻叙述风格，因此语言风格和编排逻辑有别于学术著作和历史专著，也不同于一般的新闻报道。由于水平和认识所限，时间仓促，丛书中所呈现的观点等仍有可能存在待商榷和推敲之处，祈请读者指正。

广州日报读懂广州工作室

二〇二五年五月